職場がイキイキと動き出す

課長の「ほめ方」の教科書

心理カウンセラー
船見敏子

左右社

はじめに

課長のみなさん、日々お疲れさまです。この本を手に取ってくださったということは、職場のマネジメントで何かしら悩んでいたり、あるいはご自身が疲れていたりするのかもしれませんね。

私は心理カウンセラーとして、企業や自治体などのメンタルヘルスケアサポートをしています。個人カウンセリングをしたり、セミナーや研修を通じてメンタルヘルス教育をしたり、管理職の方々へ向けたハラスメント予防啓発などのコンサルテーションを行ったり、ときには新人研修の場でお話をしたりしています。そういった活動をする中で、職場がより健康になり、従業員みんなが幸せに働くためには、課長さんの力が最も大切だと痛切に感じています。

部下に仕事を割り振り、重要な働き手として育成していくことは、管理職の大きな役割のひとつです。それに加えて、部下が安心して仕事ができるよう、健康面の管理をすることも大切な仕事です。管理職の中でも、その多くを担うのは、部下のいちばん近くにいる課長のみなさん（課長クラスの立場にいる人すべて）です。

これまでたくさんの課長さんたちとお会いしてきましたが、チームの健康度が高く、部下がどんどん成長している職場の課長さんには、共通点があることがわかりました。

それは、「言葉をちゃんと選んでいる」ということです。どんな言葉をかけたら人は頑張るのか、伸びようとするのか、心身を健康に保てるのかを把握し、そのときどきに見合った適切な言葉を部下にかけているのです。

上司に期待され、サポートをしてもらい、いい言葉をかけてもらった人はすくすくと成長していきます。逆に、上司から十分にサポートを受けられず、きつい言葉ばかり投げかけられている人は、思うように成長できません。それどころか、メンタルに不調を来してしまうこともあります。

言葉は万能ではありません。でも、みなさんご存じのように言葉にはとてつもないパワーがあります。カウンセリングの現場では、たったひとことでクライアントさんが好転することは珍しくありません。言葉は脳にダイレクトに響き、行動力につながります。だから、部下と日々接する課長のみなさんには、どんな言葉を使うべきか、どんな言葉を使って指導すべきか、この機会にじっくりと考えていただきたいと思うのです。

この本では、課長さんたちに言葉の中でも最も身に付けてほしい「ほめ」のスキルをご紹介していきます。詳しくは本文で説明していきますが、「課長のほめ」には数えきれないほどの効用があります。誰かにほめられたこと、ほめられたときの言葉を人は一生忘れません。あなたの「ほめ言葉」は、部下だけでなく、職場全体に想像以上の変化をもたらすのです。それは、あなた自身も例外ではありません。日々の忙しさの中でも、ちょっと立ち止まって自身の言葉を見直してみてください。

あなたの言葉で、部下は俄然、イキイキと動き出します。チーム力も職場の健康度も目に見えて上がっていきます。そして何より、あなた自身が驚くほど変化していきます。

働きやすい職場環境づくりに本書がお役に立てば幸いです。

目次

第2章

職場を守る「積極的メンタルケア」の方法…073

第3章 すぐに結果が見える効果的なほめ方18……107

第1章

課長の「ほめ」が職場を救う

1　部下に響く「ほめ方」とは

適切な「ほめ」が部下を育てる

あなたは部下といい関係を築けていますか？

メンタル不調に陥ってしまった人たち、あるいはストレスを溜め込んでいる人たちのカウンセリングをしていると、さまざまな課題が浮かび上がってきます。上司との関係もそのひとつです。

上司といい関係を築けている人はイキイキと仕事をしていますが、上司との関係が良好でない人は、ストレスを溜め込みがちです。そういう人たちに話を聴くと、上司に信頼感をもてないと感じている人がとても多いのです。

部下といい関係が築けている課長は、何をしているのか？

彼らは、部下のいいところをよく見て、よくほめています。私のかつての上司も、よくほめてくれる人でした。長所をさりげなく人前で話してくれたり、頑張ったときにはオーバーアクションで言葉をかけてくれたり。この課長のおかげで、私は自分の仕事に自信がもてるようになりました。

よくほめる課長は、部下に信頼される上司でもあります。

部下との関係が悪い上司は、部下の短所ばかりに目がいき、ダメ出しを繰り返しています。部下を成長させるには、いかに本人に自信をつけてもらうかが肝心。ダメ出しばかりされたら、誰だってやる気を失います。上司への信頼感も生まれず、仕事も楽しくなくなります。

研修やカウンセリングで話を聴くと、「上司がよくほめてくれます」と答える人は、とても少ないのが現状です。日本の上司たちは、まだまだ「ほめ」が足りません。

課長のみなさんには、部下のいいところを見つける力、適切に「ほめる」スキルをぜひ身に付けていただきたいと思います。**部下をのびのびと育てている上司は、ほぼ例外なくほめ上手です。そして例外なく部下から信頼されています。**

「ほめ」は人のためならず

「ほめると負け、って感じちゃうんですよね」

研修の場などでこのような言葉を耳にすることがあります。相手をほめたら自分が不利になる、なんだか悔しい。そう感じて、素直にほめることができないと言うのです。もしあなたもそう感じているとしたら、実にもったいない。ずいぶん損をしていると思います。

ほめると負けだと感じるのは、自分に自信がない証拠です。自信がないから、相手よりも優位に立たなければと、必死になってしまうのです。あるいは、相手に劣等感を抱いている場合も、無意識に「この人はたいしたことない」と思い込もうとする意識が働きます。そういう意識が働けば働くほど、相手との信頼関係は築けなくなります。

それは、相手の立場に立ってみればわかることです。必死に自分よりも優位に立とうとしている相手に、あなたは心を開けますか？

逆に、どんどんほめてくれる人に対して、あなたはどんな感情を抱くでしょう？まずはなんといっても嬉しいですよね。嬉しくなると、その人が好きになります。そして、その人の話を聴こう、意見や考えを取り入れてみようと思うようになります。さらに、その人を応援しよう！　という気持ちも湧いてきます。

そうなったら、立場は対等になります。対等な立場、つまりｗｉｎ‐ｗｉｎの関係になってこそ、人間関係もビジネスもうまくいきます。どちらかが勝とう勝とうと必死になっているときは、いい関係は成立しないのです。

上司と部下の関係でもそれは同じ。部下とは人間として対等である、ビジネスパーソンとして対等であるということを忘れないようにしてください。もちろん、部長や役員といった上司にあたる人との関係においてもそれは同じ。すべての人と対等であると思う姿勢が、「ほめ」の言葉を生み出します。

最初は口先だけでもいいのです。まずは自分からほめてみてください。ほめて負けるということはありません。**「ほめ」は人のためならず。必ず、その言葉は巡り巡っていい結果として自分に返ってきます。そう、「ほめるは勝ち」なのです。**

相手に関心をもつことから始めよう

セミナーなどでほめる練習をしてもらうと、ほめ言葉がするする出てくる人と、考え込んでしまってなかなか出てこない人がいます。その違いをよく観察してみると、あることに気づきます。

ほめることができない人は、「相手を見ていない」ということです。

相手の顔を見る時間そのものも短いですし、表情やしぐさをちゃんと見ていません。相手が話しているときに下を向いている人もいますし、相手が自分の服や髪型に視線を送っているのに、それについて考察しない人もいます。心ここにあらずというか、相手に関心がないように見えます。

一方、ほめ言葉がすぐに出てくる人は、相手のことをよく見ています。相手の顔をしっかり見て、表情やしぐさなどを観察しています。もちろん、服装や髪型など容姿にも着目しています。だから、よく知っている相手であろうが初対面の人であろうが、いいところをすぐさま見つけて伝えることができるのです。

目の前にいる相手に関心をもたなければ、相手が発信していることも頭に入ってきません。漫然と会話をしていると、持ち物、表情、しぐさといった大切な「ほめポイント」が、ただの情報で終わってしまいます。

あなたは部下に関心をもっていますか？　何が好きか、何を考えているか、どんな働き方をしたいのか、どういうことに喜びを感じるのか……。関心をもたなければ、その人の良さを見つけることもできず、ほめることもできません。「**私の部下にはほめるところなんかない」と言う人がいますが、ほめるところがないのではなく、関心をもって相手を見ていないだけです。**

「自分はどう思われているのかな」「自分はちゃんと話せているかな」などと自分に意識が向いてしまうと、相手に関心をもつことはできません。たとえ相手に関心がもてたとしても、余裕も自信もないので、やはりほめることができなくなります。

自信がないなら「自分をほめる」トレーニングを積んで自信を高めましょう（140ページのワークをやってみてください）。同時に、「この人はどんな人なんだろう？」と相手に関心を抱きましょう。それが、ほめるための基本姿勢です。

自信を失いやすい時代に必要なもの

「今の若い人はほめないとダメなんだよ」というぼやきを、管理職や現場のマネジャーたちからよく聞きます。若い人たちのカウンセリングをしていて、「僕、ほめられて伸びるタイプなんで……」というセリフを耳にすることも少なくありません。

今はSNSが花盛り。自分の投稿に「いいね！」をもらえたら嬉しいですが、「いいね！」が欲しくて投稿を繰り返す人もいるようです。「いいね！」が欲しいということは、ほめてもらいたいということ。

なぜこんなに「ほめてもらいたい人」が増えているのでしょう？

人間には「承認欲求」というものがあります。承認してほしい＝認めてほしいという欲求のことです。

アメリカの心理学者、アブラハム・マズローが提唱した「欲求5段階説」によると、人間がいちばん最初に求めるのが食欲や睡眠欲などの「生理的欲求」で、それが満たされると、安全に過ごしたいという「安全欲求」を、次に、集団への所属や仲間を求める「社会的欲求」を感じるようになります。それらが満たされると、自分を認めてほしいという「承認欲求」が生まれ、最後に、自分の能力を用い創造的活動がしたいという「自己実現の欲求」が生まれるというものです。

今の日本では、生理的欲求を満たすのは比較的容易で、安全も確保しやすく、さまざまな集団に属することもできるため、その次の段階である承認欲求を強く感じる人が多くなるのも不思議ではありません。

とはいえ、「いいね！」とほめてもらいたいのは、自信のなさの表れでもあります。SNSの投稿は、「他人のほんの一瞬の楽しさ」なのに、それがまるで世の中のすべてであるかのように錯覚して、自分はダメだと落ち込んでしまう人も多いようです。かつてと比べると、今は自信を失いやすい時代と言えます。

あなたの部下も、自信を失ってはいませんか？　現実の世界で人や自分としっかり向き合って、「ほめる」「ほめられる」トレーニングを積めば、自信も高まり、承認欲求も満たされていくはず。あなたの「ほめ」が部下の自信を育てるのです。

あなたがほめれば、相手もほめる

「誰もほめてくれないんです」と不満げに言う人も少なくありません。

本当は、誰かがほめてくれているはずなのに、それに気づいていなかったりします。そしてもっと問題なのが、その人自身も誰かを「ほめていない」ことです。

「好意の返報性」という心理学の用語があります。してもらったことをお返ししたくなる心理が人にはあるという心の法則です。あなたも、誰かにプレゼントをもらったらお返ししようと思いますよね？　その心理のことです。

この法則を踏まえ、カウンセリングの場では、「してほしいことは自分からしましょう」とよくお伝えします。優しくしてほしいなら自分から優しくする。話しかけてほしいなら自分から話しかける。そうすれば、やがて自分の期待はかなうのです。

自分の期待通りに人が動いてくれないことに不満を抱くのは、冷静に考えればおかしなこと。でも、そのおかしなことを、私たちはいろんな場面でしてしまっているのですね。自分は何もせずに待っているだけでは、期待はなかなか現実になりません。まずは自分が行動を起こしましょう。

ほめるも同じ。**ほめてほしいなら、自分からどんどん、いろんな人をほめてしまいましょう。すると、相手はあなたに好印象を抱きます。そして、どんどんほめてくれるようになります。**

いろんな人をほめていくと、応援してくれる人が増えます。すると、チャンスを手にする機会も増えるし、何より、人をほめて喜んでもらうと、そういう行為ができた自分が誇らしくなり、自信も高まります。

さすがに課長クラスで「誰もほめてくれない」と表立って不満を言う人はあまりいないでしょうが、内心ではそう感じている人は少なくないでしょう。また、部長など上からの評価と、部下からの評価に戦々恐々としている人もいるでしょう。

部下をよく「ほめ」て、彼らの能力を引き出し、業績に結び付けば、部下からの評価も上からの評価も間違いなく上がるはず。あなたからのアクションが好循環を生み出すのです。

上司をほめれば課の評価も上がる

課長になるまでの間、あなたは上司とどんな関係を築いてきましたか？　何の問題もなくやってきた人もいらっしゃるでしょうし、全く合わない上司がいたという人もいるでしょう。あるいは、「ゴマをすってうまくやってきた」という方もいらっしゃるかもしれませんね（笑）。部下を育てるのは課長の大事な役割ですが、同時に課長は部下の立場でもあるわけで、その上司との関係を良好に保つことは、スムーズに仕事をしていくうえでとても重要なことです。

特に、何かあったときに相談する相手、頼る相手である部長は、あなたにとっては大きな存在のはずです。部長との関係がよくないと、信頼して仕事を任せてもらえなかったり、異動させられたりすることもあります。さらには、あなたの部下の評価まで下がってしまいます。ぜひ、プラスの作用をもたらす言葉を使って、部長との関係を積極的に良好にしていきましょう。

上司にもやはり、「ほめ」言葉が効きます。上の立場の人をほめるのは失礼だと考えている人も少なくありませんが、決してそんなことはありません。尊敬していること、見習いたいこと、感謝していることを伝えればいいのです。それが、「ほめ」になります。

128ページの「相談ほめ」でご紹介しているように、部長に相談をもちかけるのは、「ほめ」になります。相談するということは、「あなたは頼りになります」というメッセージです。123ページの「教えてほめ」も使えます。「課長だった頃に心がけていたことを教えてください」と部長に教えを乞えば、「あなたは立派な課長だったはず」というリスペクトを伝えることになります。もちろん、「部長のように、素早い判断ができるようになりたいです」などと、感じていること、考えていることをことあるごとに伝えるのもいいですね。

そんなふうに、「ほめ」を積み上げていくと、部長のあなたに対する信頼度が上がっていきます。そして、いざというときに助けてもらえたり、目をかけてもらえることでしょう。さらには、あなただけでなく課の評価が上がるかもしれません。どしどしほめてしまいましょう。

2　部下のストレス耐性を高めるには

違いを受け入れてストレスを減らす

現代人は毎日、何かしらのストレスにさらされています。ストレスの種は日常のあらゆるところに転がっています。

中でも大きなストレスは、公私ともに「人間関係」です。老若男女、すべての人にとって人間関係は悩みのタネですが、特に働く人にとってはやっかいな問題です。私は働く人のカウンセリングをしていますが、相談内容の実に9割は、人間関係にまつわるものです。

職場にはさまざまな個性の人がいます。同じチームに合わない人がいるという経験をした人も多いでしょう。毎日顔を突き合わせていると、イライラが募ってしまいます。そのストレスが原因で心身に不調を来してしまう人がとても多いのです。

人間関係がこじれる原因はすべて「違い」。価値観の違い、意見の違い、性格の違い……。本来は、違いがあるからこそ世の中は彩り豊かになり、可能性も広がっていくのですが、ちょっとした違和感によって嫌な感情が生まれたら、「この人と接触するとなんだかイヤな感じ」というイメージが頭に刷り込まれます。そして、その人を敬遠してしまうのです。

冷静になって違いをよく観察してみれば、些細なことだったりするのに、一時の感情で接触を拒んでしまうのは、実にもったいないことです。

自分と全く同じ価値観、意見、性格をもった人などこの世にひとりもいません。自分と他人の違いを認めて受け入れれば、ストレスはぐんと減り、人生はぐんと豊かになります。

3つのコミュニケーションスキルを磨こう

人間関係のストレスを減らすためには、「コミュニケーションスキル」を磨くことが大切です。すべての人に身に付けていただきたいスキルは、3つ。

まず「聴く」ことと「伝える」ことです。

相手の考えや思いをしっかりと聴き取り、そのうえで自分の言いたいことをわかりやすく、一方的にならないように伝えることは、円滑にビジネスを進めるためにも、豊かな人間関係を作るためにも欠かせないものです。

そしてもうひとつが、「ほめる」ことです。

ほめられると誰だって、嬉しい気持ちになります。心にポッと灯りがともったような、そんな気分になるはずです。「認めてもらった」と感じるからです。

認めてくれた相手には、誰もが心を開こうとします。人間関係はここからがおもしろいのです。相手のことをもっと知りたくなるし、自分のことを語りたくなります。上司が部下を認めた場合はもちろん、部下が上司を認めた場合など、すべての人間関係で、そんな現象が発生します。コミュニケーション上手な人は、このことを知ってか知らずか、よく人をほめています。ほめるだけで低調な仕事もこじれた人間関係も上向きになっていきます。

「聴く」「伝える」「ほめる」。この3つのスキルを磨いて、人間関係のストレスを減らしていきましょう。

メンタルタフネスに必要な2つの自信

メンタルが強い人は、ストレス耐性も高く、打たれ強い人でもあります。その強さを支える土台となっているのが「自信」です。

「自信」には2種類あります。「自己肯定感」と「自己効力感」の2つです。

自己肯定感は、「私ってなんかいいね」という、自分という存在には絶対的な価値があると思える自信。自己効力感は、「私はできる！」という、自分の可能性や能力を信じられる自信です。

自己肯定感と自己効力感。この2つの自信をしっかりもてている人が、メンタルの強い人なのです。少々のストレスがかかっても折れない、メゲない。しなやかに世の中を渡っていける人なんですね。

そもそも日本人は、この2つの自信が足りていない人が多いのです。私が携わるメンタルヘルスサポート会社が作成したストレスチェックには、この自信がどのくらい備わっているかを調べる項目があるのですが、どの年齢層でも、その項目が低い人がとても多いのが実情です。

頑張り屋の日本人は、「これしかできないだなんて価値がない」と、自分を、人を叱咤し続け、仕事にまい進してきました。それは、日本がここまで成長できた理由でもありますが、同時に自信のない日本人を作ってしまった原因でもあると、私は思います。

「あなたは素晴らしい」というメッセージを周囲から送ってもらえている人は、どれほどいるでしょう？

「あなたは素晴らしい」「あなたが必要なんだ」と言われ続けたら、「私はここにいるだけで価値があるんだ」と思えるようになり、自己肯定感が高まります。そして自己効力感が培われていきます。毎日耳にする言葉が、自信と強い心を作るのです。

自己効力感だけが高い「生卵」

自己肯定感、自己効力感の両方が低い人も多いのですが、意外に多いのが、自己肯定感は低くて、自己効力感が高い人。成功している人の中にも結構な割合で、存在します。

「私ってなんかいいね」と、ありのままの自分を認めることができないから、「何者か」にならなきゃと頑張る。頑張って頑張って成功体験を積めば、自己効力感は高まっていきます。そうして、外側だけをガチガチに固めていくのですが、中身が固まっていないから壊れやすいんですね。実はかつての私もそうでした。

カウンセリングの勉強をしていたとき、ある先生から「あなたは生卵ね」と言われたことがあります。中身は固まっていないゆるゆるな状態なのに、外側だけガッチリ固めている。つまり、自己肯定感が低いのに、自己効力感ばかりどんどん高めようとしているという意味です。

当時は何を言われているのかわからず、激しく反論したのですが（先生、あのときはごめんなさい！）、今はよくわかります。本当のところ自己肯定感が低かった私は、「人間、頑張らないと価値がない」と思い込み、がむしゃらに頑張っていたのです。

そんなふうに生きているとどうなるかわかりますか？

自己効力感はにょきにょき育っていきますから、いろんなことにチャレンジします。とてつもない努力もするので、次々にいろんなことを達成します。周囲からは「すごいね～」と言われて、一瞬は満足感を得るのですが、すぐに「こんなんじゃダメ。まだまだ」という〝不足感〟が生まれてきて、また頑張ってしまうのです。

ずっとこの繰り返しでは、何をやっても満たされることはありません。中身（自己肯定感）が固まっていない生卵のままだからです。生卵は、ちょっとつつかれると殻が壊れて、ゆるゆるの中身がこぼれてしまいます。**殻をつつかれてもいいように、自分の核となる中身をしっかり固めておくことが大切なのです。**

自己肯定感が高まると幸福感に満たされる

他人と自分を比べて落ち込む傾向が強いのも、ストレス耐性が低い人の特徴です。SNSの台頭で、友達のリア充（を装った）投稿などを目にしてますます自信を失くす人が増えていると言われます。他人に左右されない凛とした自分を育てていくことがとても大切です。

〝生卵な人〟は、本当の自分（自己肯定感をもてない自分）を見られまいとして固い殻（作り上げたプライド）で外側を覆います。ちょっとしたトラブルや挫折によって殻が壊れると、中身がこぼれ、感情をあたりにまき散らしたり、ひどく落ち込んだり、お酒におぼれたり、壊れた殻にしがみついたりします。

目標を次々とクリアしても心は満たされず、殻が壊れたらもっと苦しい。だから、もっともっと頑張って、もっともっと頑丈な殻を作ろうとします。しかし、どんなに頑張っても満たされない……。とても生きづらい人生です。

この悪循環を断ち切るには、自己肯定感を高めることが重要です。

自己肯定感が高いと、自分のダメなところもちゃんと受け止められるので、他人のダメなところもすっと受け入れられます。このような柔軟な心がもてると、とても生きやすくなるし、人間関係もうまくいきます。本当に好きなこと、やりたいことにチャレンジしようという意欲が湧き、毎日を楽しく過ごせるようになります。そして、幸福感に満たされます。

結局のところ、すべての幸せの源になるのが、自己肯定感。生きていくうえでいちばん大切なものとも言えます。

「私は生卵かな？」と思った人も大丈夫。大人になってからでも自己肯定感を高めることは、十二分に可能です。どうすればいいのか？

「自分をほめる」

これだけです。自分をほめると、自己肯定感はしっかり育まれていきます。朝、昼、晩、寝る前、トイレで、お風呂で、鏡の前で、どんどん自分をほめてください。第4章の「ほめワーク」も参考に、自分をほめる練習を繰り返してみましょう。

自己効力感を高める4つの方法

自己肯定感を高めるとともに、もうひとつの自信、自己効力感もアップさせていきましょう。

「私はできる！」という自己効力感が高いと、目標に向かって積極的に行動を起こすことができます。つまずいても、可能性を信じて、へこたれることなく行動をし続けることができます。

自己効力感を高めるには、次の４つの方法があります。

①成功体験を積む

たとえば、一度商談を成立させることができたら、次もまたできると思えますよね？　自分の力でできたことは、何よりも力になります。成功体験は小さくてもOK。簡単な目標を立ててクリアし、少しずつ目標を上げていくのが秘訣です。

②代理的体験をする

自分と似たような経歴の人や、同じような境遇の人が頑張っている姿に触れたり、どん底から這い上がった人などの話を聴いたりすると、「自分にもできるかも」とちょっとモチベーションが上がるということです。

③情動的喚起をする

感情による強化のことです。たとえば、苦手だと思っていることをするときは、ドキドキしてしまいがちです。しかしそんな場面で、予想以上にリラックスできていると、「大丈夫、うまくいく」と思えるものです。そのリラックス状態を作り出すのが深呼吸や瞑想などです。落ち着いて振る舞うことができたら、きっとうまくいくはず。そのように、感情をコントロールしていくことでも自己効力感は高まるのです。

④言語的説得を重ねる

誰かから「これだけ勉強したんだから大丈夫！」と励ましの言葉をかけてもらったり、「よく頑張った。大丈夫」と自分で自分に自己暗示の言葉をかけたりすることです。もちろん、言葉だけで自己効力感をガッチリ育てるのは難しいのですが、自分にほめ言葉をかけたり、ほめられたりしながら、体験を重ねていくと、「できる」「大丈夫」という感覚が強くなっていくのを感じると思いますよ。ここでも「ほめ」が効くというわけです。

すべての基本は「ほめること」にある

私はかつて、引きこもりの人たちのカウンセリングをしていたことがあります。中には、10年以上社会と接していない人もいました。はじめのうちは人前で顔を上げることすらできなかった彼ら。話しかけてもこちらを見てくれないし、言葉も返してくれない。カウンセラーになりたての私は困り果てたものです。

それでもあきらめずに声をかけ続けると、ぽつりぽつりと話をしてくれるようになりました。そして、話を聴くうちに、ひとつの共通点にたどり着いたのです。それは、彼らは「親にほめられた経験がほとんどない」ということでした。

実際、親はほめていたのかもしれません。彼らが「ほめられた」と感じなかっただけかもしれません。いずれにしても、彼らの中には、ほめられた記憶がほぼ皆無だったのです。

絶対的な存在である親にほめられると、自己肯定感がバランスよく培われ、チャレンジ精神も伸びていきます。先述したように、自己肯定感とは、丸ごとの自分を認めて大事にする心のことです。自分はかけがえのない唯一無二の存在だと思える心のこと。自己肯定感が低いと、何かにチャレンジしようという気持ちも生まれないし、社会生活でちょっとつまずいただけでなかなか起き上がれなくなってしまいます。

自己肯定感が低い彼らを、私は一生懸命ほめました。それぞれのいいところを見つけて伝え続けました。ほめられることに慣れていないから、最初のうちは言葉を受け取ってくれません。それでも、ほめ続けました。すると徐々に、受け取ってくれるようになったのです。やがて、笑顔も見せてくれるようになりました。そして、生まれて初めて働きに出られるようになった人もいます。

ほめることには、とてつもなく大きな力があると、私は確信しています。生きる力、幸せを感じ取る力、目の前のことを楽しむ力。それらを育てるには、人間関係の中でほめてほめられて、ちょっとずつ自分を認めていくプロセスが欠かせません。

職場は、それができる場所。メンバーみんなが仕事を楽しんで幸せに働くために、あなたから発信して、ほめることを職場に定着させてください。

3 部下を伸ばす指導のコツ

「昭和の叱り」の連鎖を断ち切る

「怒るとすぐに折れる」

「常識がない」

「忍耐力がない」

「言ったことしかやらない」

若手に対する管理職たちの嘆きです。実際に私が研修やコンサルテーションで耳にした言葉です。「今どきの若者は……」という言葉は古代エジプト時代からあるとも言われています。世の中が進化している証拠でもあるのでしょうが、いつの世もジェネレーションギャップはあるということですね。

さて、今の管理職たちと若手との間にある大きなギャップは、「どう叱られてきたか」にあると感じています。今、30代後半から50代の人たちは、「叱られる」というより「怒鳴られる」経験をしてきています。私もそのひとりです。

昔はそれが「普通」だったのかもしれませんが、コミュニケーションは進化しました。もちろん、「怒鳴る」ことにも意味はあります。先輩から学ぶべきことはたくさんあります。でも、今はその叱り方は通用しません。

ある企業で20代の従業員のカウンセリングをしたときのこと。彼はぽつりとこう言いました。

「社会人ってもっと大人だと思ってたんですけど、そうじゃなかったんでびっくりしました。感情にまかせて怒鳴る管理職がたくさんいるんですよ。そういう姿を見ていると、本当にイヤな気分になります」

今の若手は、そのような「昭和の叱り方」に、ひどく違和感と不快感を覚えているのです。かつての上司に怒鳴られてきた人は、ついつい同じように部下を怒鳴ってしまっているかもしれません。その言葉が本当に部下の心に響いているかどうか、立ち止まって見直してみてください。

部下がミスしたとき、あなたはどんなふうに叱っていますか？

怒らずに、クールに叱る

ここでちょっと考えていただきたいのが、「怒る」と「叱る」の違いです。

この2つの違いの最大のポイントは、相手と自分、そのどちらを大事にしているかというところです。

「怒る」は、相手の行動によって感じた怒りを一方的にぶつける行為です。自分の感情を表現しているという意味で、自分の気持ちは大事にしています。しかし、相手の気持ちは大事にしていませんよね。一方的に怒りをぶつけられて相手がどんな気持ちになるかを考えていないのです。

「叱る」は、相手のためを思って教え諭す行為です。相手のことを大事にしています。さらに、「ちょっとがっかりしたよ」「心配になっちゃうよ」などと、自分の感情を伝えれば、自分をも大事にできますし、一方通行ではないコミュニケーションになるのです。

「叱る」ときに大切なのは、「行為」と「人格」を分けることです。部下がミスをしたとき、「叱る」べきは相手の「行為」であり、「人格」ではありません。

たとえば、本人の知識不足が原因でトラブルが起こったとき。「おまえは何も知らないんだな」は、「（知識がない）おまえ」という「人格」を否定しているだけです。

こういう場合は、「これについては、もっと入念に調べるべきだったよね」と、「調べなかった」という「行為」に対して注意をすべきなのです。

ついつい「おまえはバカか」などと怒ってしまう人は、自分の感情に振り回されないよう適度に時間を置き、クールダウンしてから「叱る」ようにしましょう。

ものごとの捉え方を変える

部下の中には、ものごとをさまざまな角度から見て、考えようとする力が弱い人もいるかもしれません。

ものごとの捉え方がネガティブだと、落ち込みやすくなり、メンタル不調にも陥りやすくなります。

また、ものごとをひとつの方向からしか見ることができないと、やはりストレスを溜め込みやすくなります。たとえば、何か問題が発生したとき、「正攻法で解決しなければ！」としか考えられなかったとしたら？　正攻法でうまくいかなかった場合、そこで行き詰まってしまいます。世の中にはいろんな問題解決の方法があるし、必ずしも問題を解決しなくてもいいことだってあります。

完璧主義者もストレスを感じやすい傾向があります。「絶対にここまでやるべき」と、完璧にこなすことを自分に課してしまい、それができない自分を責めてしまうのです。

いろんな考え方、捉え方があるということ、ときには「いいかげん」＝「良い加減」でいいんだということを、まずは課長であるあなた自身が再確認してください。そして、部下の視野を広げるお手伝いをしてあげてくださいね。

問題を前にして行き詰まっている部下がいたら、別の角度から問題を眺めるようアドバイスをし、完璧主義者には「まあまあ、ちょっと力を抜こうよ。ここまででも十分素晴らしいと思うよ」と気持ちを楽にさせてあげましょう。ネガティブになっている人に対しては、言葉をポジティブに変換して伝えると効果的です（150ページ参照）。

正しい愚痴の吐き方、愚痴の聴き方

ストレスが溜まったとき、あなたは誰かに愚痴をこぼしますか？　愚痴など吐かない、という方も多いかもしれませんね。

男性は問題を抱えたとき、解決策を考える傾向があります（女性の中にもその傾向が強い人はいます）。課長ともなればなおさら、「愚痴なんか吐いたって何の解決にもならない」からと、ぐっとこらえることも多いようです。愚痴ることがみっともないと思っている人もいますね。

しかし、メンタルの健康を考えると、愚痴は悪いものではないのです。溜まったものを吐き出すのはまさに「デトックス」ですから。課長だって愚痴っていいんです。ただし、正しい吐き方があります。

まずは、相手を選ぶこと。社外の友人や家族、カウンセラーなど、愚痴っても問題ない相手が望ましいでしょう。聴き上手を選ぶとベストです。聴き上手に愚痴を聴いてもらうと、すっきりするだけでなく、前向きな気持ちになれるからです。

そして、ダラダラと愚痴らないこと。「これから10分間、愚痴を吐く」と決めたらその時間で終わらせるようにしましょう。延々と愚痴を聴かされるほうの身になる、ということですね。話し終わったら「聴いてくれてありがとう」と伝えます。

では、あなたの部下が愚痴ってきたらどうしたらいいか？

聴く耳をもってください。

人は、信頼できない人に愚痴を言いません。部下が愚痴ってきたということは、あなたを信頼している証拠です。「愚痴なんか吐くなよ」と一喝するのではなく、ウェルカムの姿勢を示しましょう。

そして、しっかり話に耳を傾け、「そうか、それは大変だったね」などと共感しながら聴きます。**共感を示すことで、「自分には味方がいる」と安心でき、部下の中にある「自分で解決策を考える力」が引き出されます**。くれぐれも一方的にアドバイスをしたり、「そんなこと気にするな」などと無視したりしないようにしましょう。

愚痴は、「現状をもっと良くしたい」という気持ちがあるからこそ出てくるものです。それに、部下の愚痴にはさまざまな情報が盛り込まれています。チームを改善するヒントが隠れているかもしれません。

愚痴をただの文句と片付けたりせず、有効活用して、部下もチームも元気に導きましょう。

力を抜く時間を作ろう

頑張りすぎる人、まじめすぎる人はストレスを抱えやすいですから、メンタル不調を防ぐためにも力を適度に抜くことが大切です。
人間はストレスを感じると、交感神経が優位になり、心身を戦闘モードに切り替えます。血圧も脈拍も心拍数も上がって、緊張状態になります。その状態がずっと続いたら……おわかりですよね？ 心身ともに疲れて辛くなり、調子が悪くなります。

会議やパソコン作業、クレーム対応などなど、常に忙しい仕事中には、自分でも気づかないうちに、からだのあちこちが緊張してカチコチになっているものです。時折、緊張を解いて心身をだらんとリラックスさせてあげましょう。**愚痴同様、ダラダラとした時間をもつことが、人間には必要です。**

根を詰めている部下には休憩を促しましょう。まれに、「休憩を取ることに罪悪感を覚える」という人がいますが、力が適度に抜け、リラックスしてこそ、人は本領を発揮できるもの。休憩を取るからこそいい仕事ができるんだということを、部下には日頃から伝えておくといいですね。

そして、課長さんも休憩を取ることをお忘れなく。

「課長が全く休憩を取らないので心配なんです」という相談を受けたことがありますが、部下は上司の姿をよく見ているものです。そして、あなたが思う以上に、あなたのことを心配しています。部下も遠慮せずに休憩できるよう、みんなでリラックス、休憩の時間を取るようにしていきましょう。

始業前にラジオ体操をする職場は多いですが、最もリフレッシュが必要になる15時ごろにも簡単な運動をするといいですね。

伸びをしたり、肩を上げ下げしたり、簡単なストレッチだけでもOKです。ゆったりと深呼吸をするのもお勧めです。からだがほぐれると、心の緊張もほぐれていきます。チームメンバーに声をかけて、みんなで行うと、職場の雰囲気も柔らかくなりますよ。

最近は、午後の時間帯、スポーツトレーナーが職場に赴き、リフレッシュの運動を指導するところも増えています。ストレスを溜め込まないためにも、運動はとても効果的です。

スモールステップで成功体験を積ませよう

せっかく働くなら、楽しく仕事をしたいですよね。ところが、カウンセリングでいろいろな人とお話をしてみると、「仕事なんてこんなものでしょ」「仕事って楽しいものだとは思っていません」と、仕事に楽しさを見出していない人も少なくありません。

人生の3分の1以上を費やす仕事の時間が、「こんなもの」だったり「そもそも楽しいものではない」だなんて、辛いだろうと思います。そんなふうに毎日感じていたら、残念ながらメンタル不調になる確率も高まってしまいます。

仕事が楽しくないのは、自ら楽しさを見つけようとしなかったばかりでなく、楽しさを感じる瞬間がなかったからかもしれません。ぜひ、まずは課長であるあなたが仕事の楽しみを感じ、部下には仕事の楽しさを感じさせてあげてください。

どんなときに楽しさを感じるかは人によりけりですが、達成感を得られたときは格別ではないでしょうか。子供の頃のことを思い出してください。何かが「わかった！」「できた！」という瞬間。とても嬉しかったですよね？　それが、次の学習へとつながったはずです。部下にも、そのような「わかった！」「できた！」という瞬間をたくさん作ってあげるのです。

そのためには、目標設定に工夫をすること。いきなり高すぎる目標では達成に時間もかかり、その間にやる気もそがれていきます。

成功体験は「スモールステップ」で積ませましょう。階段を一段ずつ昇っていくように、小さな目標から少しずつ高い目標へと難易度を上げて、目標設定するのです。ステップをクリアするたびに達成感を味わえるようにしておくと、成功体験がどんどん積み上がっていきます。

そして、**目標を達成したときには「ほめる」ことを忘れずに行いましょう。それが、楽しさ、喜び、そして自信に変化していきます。達成＋「ほめ」はモチベーションをグンと高めます。**

しっかり聴いて情報を逃さない

不調のサインを部下が出しているとき（95ページ参照）には、声をかけて話を聴きましょう。不調のサインに気づくためにも、密なコミュニケーションが大切です。何をおいても日常的に部下の話をよく聴くこと。「聴く」は、「聞く」とは違います。言葉の表面的な意味だけでなく、本当に言いたいことを聴き取るということです。

多くの人は、部下の言葉をそのまま受け取ってしまいがちです。しかし部下が、はじめから本当に言いたいことを言うとは限らないですし、本人も本当に言いたいこと・求

めていることが何なのか、気づいていない場合もあるのです。

たとえば、「ペアを組んでいる○○さんとうまくいかないので、ペアを変えてほしい」と訴えてきたとします。多くの人は、それは「わがまま」だと受け取り、「今から急な変更は無理だから、我慢してやってほしい」などと答えるでしょう。

このようなケースでは、部下自身が本当にペアを変える必要があるかどうか、はっきりとわかっていないことも多いのです。だからこそ、何が嫌なのか、何かきっかけがあったのか、今の状態でどのくらい効率やモチベーションが下がっているのか、心身にストレス症状は出ていないかなどを丁寧にヒアリングしていきます。

話を聴いていくうちに本人が自分で解決策を考えるようになる可能性も高いですし、ふたりで話す中でそれが見つかるかもしれません。場合によってはペアを変えたほうがいいかもしれません。あるいは、人間関係構築などの問題で教育的指導が必要なケースかもしれません。

この「聴く」プロセスを踏まずに、部下が訴えてきたことをバサッと斬り捨ててしまったら、部下はあなたに不安を抱き、信頼しなくなるでしょう。上司を信頼できないとモチベーションも下がり、ストレスを溜め込みやすくなります。同時に、部下の成長も止まってしまいます。

特に経験が浅いうちは、何をどうしたらいいかわからないものです。そういった彼らの状況をよく理解して、コミュニケーションを取っていきましょう。

具体的に伝えることで責任感を育てよう

「聴く」だけでなく、きちんと「伝える」ことも改めて意識していきましょう。

仕事の経験を積んでいくと、わざわざ言わずとも伝わることが増えていきます。

いわゆる「暗黙の了解」というもので、これがけっこうな曲者です。

部下に指示をするときにも、つい言葉が少なくなってしまいます。

「何かあったらいつでも言って」

「これ、頼んだよ」

「〇〇さんに報告しといて」

「早く仕上げてね」

こういった言葉遣いをしていませんか？

いずれも、とてもあいまいな言葉ですよね。「何かあったら」の「何か」とは何を指すのでしょう？　「頼んだよ」って、何をどうすればいいのでしょう？　「早く」っていつまででしょう？　部下には直接指示を出す課長は、言葉に敏感でいたいものです。

聴くのと同様、経験の浅い部下に対しては、具体的に指示を出すことが重要です。部下の能力を嘆く前に、ちゃんとわかるように伝えているか、振り返ってみましょう。

また、チームの方針や業務の目的、ゴールを「全員に」伝えることも、モチベーションを上げるためには大切なことです。不明瞭さは、職場ストレスの大きな原因。業務全体の流れを伝えないリーダーは、部下のやる気をそいでいるのです。わかっているだろうと思い込まず、しつこいくらいに伝えることで、部下は安心します。**「一連の流れの中のこの部分を自分は担っている」と一人ひとりが自覚できると、責任感が生まれます。それぞれが他者の状況を想像するようになり、思いやり、助け合う気持ちも生まれてきます。**

タイムマネジメントが問題解決につながる

職場のストレス要因の上位に鎮座する「長時間労働」。この問題が解決しないと、メンバーのモチベーションはもちろん、職場やチームの健康度も下がってしまいます。なんとかしたいけれど、どうしたらいいかわからないと悩んでいる課長さんやリーダーはとても多いですね。部下は帰らせて、その分、自分が残業している課長さんも少なくありません。悩ましい問題です。

業務内容と質を見直すことも大事ですが、チームメンバー一人ひとりの仕事の進め方を見直すことも欠かせません。

カウンセリングで見えてきたのは、「時間管理」を意識していない人が意外と多いということです。その日のタスクは決めるものの、何をどこまで何時までに終わらせるという締め切り目標＝デッドラインを設定していない人が多いのです。

私は長年原稿を書く仕事をしてきましたが、締め切りがないと、なかなかスイッチが入らず、筆が進みません。でも、「18時までに仕上げる」と締め切りを決めると、「12時までにこれだけ、15時までにここまで……」と、目標が見え、自然と集中力とモチベーションが高まります。

長時間労働を改善した課長さんの例をご紹介しましょう。ある組織の課長さんは、「20時までになるべく帰りましょう」とプリントした紙を職場中の壁にペタペタと貼り付けたそうです。すると、徐々にみんなが早く帰るようになり、3か月後には遅くまで残業している人はほとんどいなくなったそうです。

デッドラインを作ることの重要性は以前から言われていますが、まだまだ浸透していません。チーム全体でそれを「見える化」し、「今日の締め切り」を一人ひとりに考えさせるだけで、意識が変わってくるはずです。

ちなみに、その課長さんが職場に貼った紙は、「なるべく」と入れたところがミソ。強制するのではなく、「なるべく帰ろうね〜」と呼びかけているというイメージです。ただただ「早く帰りなさい」では、反感を招き、疲労度も高まっていくばかりです。

メンバー一人ひとりが作業ごとに締め切りを作って、ゲームのように楽しむようにすると、仕事に対するやる気も湧き、多くの問題も解決しやすくなります。

4 チームを変える課長の「ほめ」

あなたがほめれば、チームの空気が一変する

「あなたが部下をもつマネジャーなら、今日から部下をコンプリメントしてください。あなたが部下の立場なら、上司を、同僚をコンプリメントしてください」

企業研修などで、私はこんなことをお伝えしています。

「コンプリメント」とは心理学の用語で、「ほめる」「ねぎらう」「称賛する」「敬う」といった意味があります。

「ほめる」という言葉には「上から目線」な印象がある、と感じる人もいます。ですから、いろいろな方が集まる企業研修では、あえてコンプリメントという言葉を使います。本書ではコンプリメントの同義語として「ほめる」を使っています。本書の「ほめる」にも、ねぎらいや敬意の意味が含まれています。

あなたは部下やチームの仲間をほめていますか？

上司にほめられると、部下は自信を高め、やる気になります。上司に対しての信頼も

生まれるので、「この人のためにも頑張ろう」という気持ちになるのです。

チームの仲間をほめれば、人間関係が良好になり、信頼関係も生まれます。そして会話の量が増え、業務のやりとりが密になります。いい人間関係は笑顔を生み、笑顔は笑顔を呼びます。職場に笑顔があふれれば、チームの空気は明るく澄んだものになっていきます。そんなチームからはいいアイデアがどんどん生まれ、生産性も上がっていきます。そんなチームを作り上げたあなたの株は上がり、部長からの評価も上がることでしょう。

国が事業者に課しているストレスチェックで、職場の健康度が高いと判定された部署の所属長に話を伺うと、必ず「うちはとても人間関係がいいんですよ」という言葉が返ってきます。そして、その所属長自身がよく部下をほめていることもわかります。

「ほめ」の効果は多くの人が理解はしているのですが、研修でほめる練習をしてもらうと、言葉が出てこない人が続出します。日本人はほめることに慣れていないと痛感します。ぜひ、部下をもつあなたからほめ言葉を発して、ほめ合う風潮をチーム内に定着させてください。

雰囲気の悪い職場は、ひとことあなたがほめるだけで変わっていきます。

ほめることは気持ちを伝える最良の手段

企業研修などでほめる練習をしてもらったあとに感想を伺うと、けっこうな割合でこんな言葉が返ってきます。

「照れました」

ほめることに慣れていない人は、ほめることそのものを恥ずかしい、照れくさいと感じます。心の中では相手の素敵なところに気づいているのに、恥ずかしくてそれを言葉にできないのです。特に男性に多いですね。

しかし、心の中でどんなに思っていても、言葉にしなければ相手には伝わりません。「以心伝心」という言葉があるからでしょうか。親しくなれば、言葉にしなくてもなんとなく気持ちは伝わると思っている人も少なくないようですが、残念ながらそんなことはありません。

人間関係で悩んでいる人をカウンセリングしていくと、見えてくるのはコミュニケーション不足の問題。気持ちや考えを言葉にして伝えるという行為が圧倒的に不足しているのです。

私たちには自分なりの価値観があり、ものごとの受け取り方があります。親など身近な人から教わったこと、聞かされたこと、社会生活の中で経験したこと……。それぞれの生育環境の中で価値観やものごとの受け取り方が形成されます。同じことを見たり聞いたりしても、一人ひとり受け取り方が違うのはそのためです。

だから、相手にちゃんと伝わるように言葉にして伝えていく必要があるのです。照れている場合ではありません。

部下をはじめ、上司、同僚、お客さま、取引先、家族、恋人、友人……。大切な人との関係をより良きものにしていくために、考えや感情を言葉にして丁寧に伝えていくことを意識しましょう。ほめることは、その練習としても最適ですよ。

ほめる言葉が出てこないという人は、巻末の「ほめ言葉辞典」を参考にして、「ほめワード」の持ち駒を増やしていきましょう。

「ほめ」はいつまでも心に残る宝の言葉

「よく知っている人ならほめられるけど、初対面の人はほめられません」

これも、研修やセミナーでよく聞くセリフです。知らない人＝ほめるポイントがわからない。そう感じてしまうのもわからなくはありませんが、ちょっと視点を変えてみると、初対面の相手ほどほめやすいことがおわかりいただけるはずです。

初対面の人は、当然、どんな人かわかりません。わからないからこそ、感じるものがたくさんありますよね。それが、「第一印象」。この、第一印象こそが、実は嬉しいギフトになるのです。私もカウンセリングでは、ギフトのひとつとして第一印象をよくお伝えしています。

ワークショップなどで、初対面の人と第一印象を伝え合うゲームを体験したことがある方もいらっしゃるでしょう。初対面の場面では、相手の自分に対する意外な言葉に驚かされることが少なくありません。私も「専業主婦で、料理が上手そう」などと、現実とは全く違うこと（！）を言われて嬉しい驚きを覚えたことがあります。

自分をよく知る人からは絶対に出てこない言葉を耳にすると、「そんなふうに見えるんだ……」と、自分を客観的に見つめ直すきっかけになります。

誰かとの初対面は、一生に一度しかありません。相手から感じた印象をそのままポンと伝えるのは、初対面ならではです。相手への思いがけない言葉のプレゼントになります。だからこそ、心に残るのです。

「とてもきっちりとしていらっしゃって、誠実そうだなと感じます」

「笑顔がはつらつとしていて、快活な方だとお見受けします。何かスポーツをやっていらっしゃるんですか？　ラグビーとか？」

このように、感じたことを伝えてみましょう。

「ラグビーなんて初めて言われましたよ。あなたはラグビー観戦されるんですか？」

と、その後の会話も盛り上がり、後日談のネタにもなります。

また、名刺は「ほめポイント」の宝庫です。しかし、名刺をもらってもちゃんと見ずにしまってしまう人が多いですね。もったいない！　名刺交換をしたときには、名前や肩書だけでなく、取得資格やデザインにも注目してみましょう。ほめポイントがあちこちに見つかるはずです。

営業、接客など初対面の人と会う機会が多い仕事をしているなら、ぜひ部下にもこのことを伝えてください。ビジネスが一段とスムーズに運ぶようになるでしょう。

ほめられたらしっかりキャッチしよう

日本人はほめるのも下手なら、ほめられるのも下手だと言われます。ひと昔前と比べるとずいぶん変わったとは感じますが、まだまだ私たちはほめることに慣れていません。

私がお会いした課長さんたちにも、私の「ほめ」をしっかり受け取ってくれない方が少なからずいました。特に男性は、ほめられ下手が多いですね。

それには、日本独特の「謙遜の文化」が関係しているのでしょう。謙遜や謙譲、控えめが美徳であるという日本特有の文化は、自分が一歩下がって相手を立てるというコミュニケーションの礎になってきました。しかし、現代においては、それが時として邪魔になることがあります。

あなたは、ほめられたときに謙遜していませんか？

たとえば、「とっても素敵なバッグですね」とほめてもらったときに、「これ、バーゲンで買った安物なんです」などと返していませんか？

「お話が上手ですね」と投げかけてくれたのに、「いえ、とんでもないです。何言っているかわからないってよく言われますよ」などとリアクションしていませんか？

ほめるということは、「素敵！」「すごいな」と感じた〝心〟を贈るということ。感じた心というギフトをいただいたということ。それを拒否する理由はありません。

謙遜して自分を低く評価するのは、自分に対しても失礼なことです。あえて自虐する必要などないのです。もちろん謙遜が役に立つシーンもありますから、相手とシチュエーションを考えて使い分けてください。

さて、では、ほめ言葉に対してはどうリアクションしたらいいのでしょうか？

はい。シンプルに、「ありがとうございます」とにっこり笑って受け取りましょう。「ありがとうございます。素直に嬉しいです」「ありがとうございます。そう言っていただけると元気が出ます」などと付け加えると、相手もほめた甲斐があります。

「ほめ」に慣れることが、ほめ上手への第一歩

ほめられるのに謙遜はいらないと述べましたが、ほめられるのが苦手なのには、謙遜以外にも理由があるようです。

かつて一緒に仕事をしていた人に、ほめられ下手な人がいました。「私、ほめられるのが苦手なんです」と言う彼女にその理由を尋ねてみると、「ほめられると、何か裏があるんじゃないかって疑っちゃうんです」とのこと。

彼女のように、ほめ言葉を疑ってしまって素直に受け取れないという人に出会うことがたまにあります。ほめられるとなんだかバカにされた気がする、という方もいらっしゃいます。

素直にほめ言葉を受け取れないのは、ほめられ慣れていないから。ほめられずに育つと、ほめられないのがスタンダードになります。だから、ある日突然ほめられると、ものすごく違和感があるのです。そして、相手を疑ってしまうんですね（もちろん、よからぬ企みをもつ輩には要注意ですが）。

もし、ほめられないことがスタンダードになっていても、大丈夫。過去の経験を塗り替えてしまえばいいのです。

あなたがこれまでに経験してきたことは、単なる事実。大事なのは、事実の捉え方です。「親からほめられたことのない私がほめられるのには裏がある」という思いがあるなら、そこを塗り替えましょう。

「私の両親は自分がほめられた経験がなかったから、ほめなかったんだ」「ほめに裏なんかない」「私はほめられてもいいんだ」と捉え直すのです。口に出したり、紙に書き出したりして、繰り返してみましょう。

このように、**事実の捉え方を変えることを「リフレーミング」と言います。長年の捉え方を変えるのは難しいのですが、何度も繰り返しリフレーミングすると、徐々に変化していきます。**

課長のあなたがそういう態度でいると、それを見たチームメンバーも同様に「ほめ」を受け取れるようになっていくはずです。受け取り上手のお手本になって、チームの雰囲気を明るくしていきましょう。

部下を伸ばしたいなら、長所に着目

「私は文章を書くのが苦手だから、うまくならなきゃと思っているんです」

「あなたは短気なところがあるよね。短気は損気。直さないとね」

こんなふうに、自分や他人に「ダメ出し」をし、「叱咤激励」している人、多いですよね。人が伸びるためには、「短所を直す」ことが重要だと思っているからこその言動です。

日本人はこの傾向が強いのですが、短所を克服するのって難しいものです。頑張ってもなかなか直らないし、苦手なことに向き合うのは辛いもの。その過程も過酷です。

かつてアメリカで、長所を伸ばすのと短所を直すのとでは、どちらが総合的に能力がアップするのかを調べる実験が行われました。その結果、長所を伸ばしたグループのほうが、総合的に成績が上がったというのです。

また、船井総合研究所の船井幸雄氏も「長所進展法」なるメソッドを提唱していました。できないところを直すよりも、できていることや長所を進展させたほうが人は伸びていくというものです。

長所が伸びると、短所は目立たなくなります。長所で短所をカバーできるようになるのです。あるいは、長所が伸びた結果、短所（と思われていた部分）が長所にくるっと転換するということもあります。**第一、優秀なところを伸ばすほうが、本人にとっても楽しく、負担がかかりません。そして、その人の魅力も増していきます。**短所が全くない人、なんでもとりあえずひと通りこなせる人など、なんだかつまらないとは思いませんか？

私が取材で会ったトップランナーの多くは、非常に優れた能力をもつ一方で、短所と思われるところもたくさんもっていました。細かい作業が苦手だったり、締め切りギリギリにならないと仕事に着手できず、周囲をやきもきさせたり。それでも、得意分野では抜群に力を発揮します。その姿が、とても魅力的なのです。

今、有名人などがちょっと失敗したときに、こぞって徹底的に叩く傾向がありますが、それがその人の魅力をつぶしてしまう恐ろしさをもっと認識すべきだと思います。これは、一般社会でも同じこと。どうか、部下にダメ出しをしすぎて彼らの魅力を奪わないようにしてください。人は、短所や欠点があるからこそ、魅力的なのです。

その魅力を残しつつ、さらに力を伸ばしてもらうためには、やはり課長が「ほめる」ことが肝心です。長所をどんどん口に出してほめましょう。そのうえで、その長所がさらに伸びるよう、働きかけていきましょう。

「あなたは気配りが本当に上手。いつもお客さまの笑顔を引き出しているよね。今のままでもいいんだけど、あと3割、その力をアップできるともっといいよね。そのために、どんなことができると思う？」

といった質問を投げかけて、本人に考えさせ、行動させるのです。好きなこと、得意なことなら人間、自ら動くもの。部下が自発的に長所を伸ばすよう、工夫して言葉がけをしてください。くれぐれも短所を直させることに注力しないよう、ご注意を。

「ほめ」は伝染する

職場の中にイライラしている人がいると、こちらまでイライラしてしまいますよね。目の前の人が笑っていれば、こちらも笑顔になります。たとえイライラしていたとしても、周囲の人たちがほがらかにしていると、自然とイライラが消えていくこともあります。

そのように、人間の感情は伝染するものです。働きやすい職場づくりのためには、嫌な感情が伝染しないよう、一人ひとりが自分の感情をコントロールできるようになることが大切です。

課長であるあなたには、職場の空気をコントロールしていただきたいと思います。そのために、「ほめ」を活用するのです。

ほめられれば、誰でも嬉しくなります。嬉しくなれば笑います。その笑顔が、周囲の人に伝染します。誰かがみんなの前でほめられたら、自分のことのように喜ぶ人もいるでしょう。そうして、職場に笑顔があふれていくのです。

また、**感情が伝染するのと同様に、「ほめ」も伝染します**。**誰かにほめられた人は、その喜びをほかの人にも与えようとします**。つまり、課長がメンバーをほめるようになると、メンバー間でほめ合う習慣ができる可能性が高まるのです。

離職率が高いある業種で、不思議と社員が辞めない会社がありました。その秘訣を伺うと、社員同士がとても仲がいいということがわかりました。仕事自体は辛いけれども、会社に来ると大好きなメンバーたちがいる。休憩時間におしゃべりをしたり、仕事のあとに飲みに行ったりする時間がとても楽しい。だから辞めたくならないと、社員の方々は口を揃えておっしゃるのです。

課長さんにお話を伺ったところ、「辛い仕事だからこそ、部下をよくほめるようにしています。毎日、ストレスにさらされているのに頑張ってくれているのですから、ほめない理由がありません」とのことでした。

メンバー同士でもほめ合いがよくなされているとのお話もありました。課長さんの「ほめ」が、メンバーの心に響き、ほめ合いに発展したのでしょう。

「お互いによくコミュニケーションを取ろう」「明るい職場を作ろう」などと漠然と部下に伝えても、彼らは自発的に動いてはくれません。まずは課長自らが行動する＝ほめることで、徐々に職場の空気は変わっていきます。

女性が輝く職場づくりの秘訣は「ほめ」

女性管理職も少しずつ増えてはきましたが、その比率は今なお約1割。なかなか上がらず、まだまだ日本は男性社会と言えます。女性社員をどう育てたらいいのか頭を悩ませている方も多いようです。

ある会社でAさんに会いました。子供をふたり育てながら、課長としてバリバリ働いている女性です。とても仕事ができ、物腰が柔らかく、非常に穏やかな話し方をされます。彼女の下には女性社員が複数名いるのですが、それぞれが能力を発揮しながらイキイキと働いています。

Aさんに、女性の部下に活躍してもらうためにどんな工夫をしているのかを伺いました。

「まずは話をよく聴くようにしています。女性は男性と比較しても、話を聴いてもらいたいという気持ちが強いと思うんです。そうすることで心が落ち着き、頑張れるんですね。そして、ほめることも意識して実践するようにしています。女性は

『共感』と『横のつながり』を大切にします。ほめることが『共感』になり、お互いにほめ合うことで『横のつながり』が強化されます。それが感じられると、働きやすくなるんじゃないでしょうか」

後日、Aさんの部下の女性にお話を伺う機会があったのですが、Aさんは日頃からよくほめてくれ、まるで姉のように親身になってくれるので、安心して仕事ができるとお話ししてくれました。

女性は、自分と他人の感情にとても敏感です。良くも悪くも、理論、理屈だけでは動かないのです。もちろん、職場ですから感情に振り回されるのはよくありません。感情コントロールの教育は必要です。

しかし一方で、女性の感情を無視したマネジメントでは、女性特有のしなやかさ、柔らかさ、発想力をビジネスに活かしていくのは難しいでしょう。女性が伸び伸びと活躍できる社会にしていくには、女性の感情を理解することも重要だと感じます。

女性に媚びるということではなく、彼女たちの能力と魅力を引き出すために、ほめましょう。「セクハラになるのが怖い」などとおびえないでください。ひとりの人間として、ビジネスパートナーとして対等に向き合えば、ほめるポイントがたくさん見つかります。

大人気部署の課長がしていること

かつてコンサルティングをしたある組織に、大人気の部署があります。社員の多くがその部署に行きたいと希望しているというのです。いったい何がそんなに人気なのか、その理由を探るべく、課長のTさんにお話を伺いました。

仕事内容もさることながら、お話を伺っているうちに、そのTさん自身に人気の秘密があるのではないかと感じました。

Tさんはとてもユニークな方で、自ら考えた施策をどんどん実行していました。たとえば、「誕生日に休暇を取らせる」という施策。メンバー全員の誕生日を確認し、それを全員で共有します。全員が自分の誕生日を知っているから、自分の誕生日には休まざるを得ないわけです。困ったような嬉しいような……で、みんなちゃんと休んでいるのです。

この施策が生まれた背景には、休日出勤が多い部署であるにもかかわらず、代休を取らない人が多い、ということがありました。ただただ「休みを取ってください」と言っても誰も取らなかった。困ったTさんが苦肉の策として考えたのが、自分の誕生日に休む、というアイデアだったのです。

とはいえ、これは、「誕生日は大切な日。大切な日はゆっくりしようよ。自分のためにお祝いしようよ」というTさんの粋な計らいです。自分にとって大切な日を、上司からも大切にしてもらえる。これはまさしく「ほめ」に値すると、私は思います。

「うちのメンバーは、本当にいつも頑張ってくれているんですよ。休日も返上して頑張ってくれている。だからね、大切な誕生日くらいは自分のために時間を使ってほしいと思うんです」

Tさんはそう話してくださいました。彼の口から出てきたたくさんの言葉から、彼が日常的に部下をほめていることがわかります。それに加えて、ユニークな形で「ほめ」を実践するそのアイデアには、脱帽しました。

部署の人気が続き、メンバーが楽しんで仕事をしている理由は、Tさんの「ほめ」が大きくかかわっているはずです。

「課長のほめ」の効果

課長の「ほめ」がなぜ職場に必要なのか、ここまでなんとなくおわかりいただけたかと思います。

課長が部下をほめると、部下の自信が高まり、自信をもった部下は、やる気になり、ほかの人をほめるようになります。メンバーみんながそのような状態になれば、職場がより活性化し、より仕事がしやすい環境になります。言いたいことも言いやすくなり、ストレスも減っていき、不調者が出にくくなります。そして、生産性も上がっていく。

このような「プラスの連鎖」が生まれていくのです。その連鎖の中で生まれる効果をランダムにご紹介しましょう。

・部下のやる気スイッチが入る
・能力を引き出すことができる
・信頼関係が築ける
・メンバー同士がほめ合うようになる

・職場環境が向上する
・チームワークが向上する
・メンバー同士の連携がよくなる
・チーム内の議論が活発になる
・メンバーの成長が加速する
・離職率が低下する
・職場の雰囲気が明るくなる
・女性が働きやすい職場になる
・風通しのいい職場になる
・意見が言いやすくなる
・不平不満が減る
・ストレスが減る
・不調者が出にくくなる
・仕事が楽しくなる
・部下の自信が高まる
・生産性が上がる

・課長自身が元気になる

ほめるだけでこんなに変化が現れるのか？　と半信半疑の方もいらっしゃるかもしれません。でも、繰り返しますが、言葉は重要です。どんな言葉を使うかによって、課長自身の気持ちや行動、周囲の人への影響も変わるのです。

ポジティブな言葉、ほめ言葉を多用することによって、なんといっても課長自身がポジティブな気持ちになり、ストレスが減り、元気になります。最初は自分のためでも結構です。ぜひ「ほめ」を実践して、嬉しい変化を感じてみてください。

第1章　チェックシート

□部下に信頼されるためにも、しっかりとほめる

□ほめ上手になるためには、相手に関心をもつ

□3つのコミュニケーションスキル「聴く」「伝える」「ほめる」で部下を育てる

□自分をほめ、人をほめて、自己肯定感を高める

□「成功体験を積む」「代理的体験をする」「情動的喚起をする」「言語的説得を重ねる」の4つの方法で自己効力感を高める

□正しい愚痴の吐き方、愚痴の聴き方を覚える

□「達成＋ほめ」で部下のモチベーションを高める

□ほめ上手になって、ほめられ上手にもなる

□課長の「ほめ」でプラスの連鎖を起こす

第2章

職場を守る「積極的メンタルケア」の方法

1 「0次予防で」メンタル不調者を減らそう

現代の職場はストレスがいっぱい

第1章では、「課長のほめがいかに大切か」ということについてお話ししてきました。この章では、「課長のほめが部下と職場の健康を守る」ということについて考えていきたいと思います。

私は心理カウンセラーとしてさまざまな職場を訪問しています。どの職場の方も「うちもメンタル不調者が増えているんです……」と口を揃えておっしゃいます。あなたの職場はいかがですか？

２０１５年12月、「ストレスチェック制度」がスタートしました。従業員が50名以上いる事業場（事業所）は、「ストレスチェック」を実施し、専門家の指導を受けるなどしなければならなくなったのです。その背景には、労働者のメンタルヘルスの問題が深刻化していることがあります。

厚生労働省が実施している患者調査によれば、うつ病などの気分障害患者数は

1996年には43・3万人、1999年には44・1万人とほぼ横ばいでしたが、2002年には71・1万人、2005年には92・4万人、2008年には104・1万人、2014年には111・6万人と、増加の一途をたどっています。未受診の方を含めると、その数は250万人以上と推定されています。

また、精神障害の労災認定数（支給決定）は2014年度には497件と過去最高を記録しました。「仕事で強いストレスを感じる」と答えた人も6割にのぼり、働く人を取り巻くストレスはますます増大しています。事業者は従業員のメンタルヘルスケアをないがしろにはできない状況になってきているのです。

眠れない、起きられない、会社に行きたくないなど、心身が悲鳴を上げ、仕事や生活に支障が出はじめた人＝メンタル不調者がこれほど増えているのはなぜでしょう。その理由のひとつに、「ストレスの多い職場環境」があります。

仕事上のストレスの主な原因には、

・長時間労働
・いじめ・嫌がらせ
・悲惨な事故や災害の体験・目撃

・仕事の内容の変化

などが挙げられます。

私が最近現場に行って感じるのは、残業制限によって、時間内に仕事が終わらないことをストレスに感じている人が急増しているということです。「とにかく人手が足りません」と訴える人が多いのです。

スピード重視、IT化に伴う事務作業の増加、人件費削減、お客さんや上司に細かいことを求められる……。こうした傾向は年々強まり、職場全体の作業量はますます増えています。けれども、人は増やせないので、職場に余裕がなくなってきています。

加えて、「ワークライフバランス」（仕事と生活の調和。仕事だけでなく私生活も充実させることで相互にいい作用をもたらすという考え）を実践するために、従業員に残業させない制度を作ったりしているわけです。ワークライフバランス自体はいいのですが、残業させないなら、今までとは仕事のやり方を変える必要があります。それもせず、ただただ帰れと言われても、仕事量が増える一方の従業員は苦しくなるばかりです。

私たち人間の心とからだはたったひとつです。誰の1日も24時間しかありません。

そんなに何もかもできるわけがないのに、すべてをやってくれと要求する職場や社会に、多くの働き手が翻弄されています。「メンタル不調者」が増えるのも当然と言えるのです。

メンタルヘルス対策の基本は「4つのケア」

そこで喫緊の課題になっているのが「メンタルヘルス」対策です。

ストレスチェック制度が始まって、ようやく対策に取り組む企業や事業所も増えていますが、まだ手つかずのところが多いのが現状です。中には、「メンタルが弱い人間はいらない」と、不調になった人を切り捨ててしまう企業もあり、事業者の質も問われています。

職場におけるメンタルヘルス対策のキーワードに「4つのケア」というものがあります。2000年に厚生労働省が打ち出した「メンタルヘルス指針」の中にあるもので、従業員をストレスから守るために誰が何をすればいいのかが書かれています。

「4つのケア」は次の通りです。

①セルフケア

働く人が自分のストレスに気づいて自分で対応すること。また、それを職場で相談することです。すべての従業員が自分自身で行う対策です。

②ラインによるケア

管理監督者が行うケアで、働きやすい職場環境を整えたり、部下の相談に乗ったりすることです。不調を未然に防ぐために、管理者は、従業員の心身の状態に常に気を配り、変化にいち早く気づくことが大切です。

③事業場内産業保健スタッフ等によるケア

産業医、保健師、衛生管理者など職場の中の専門スタッフが、個別の相談に乗ったり教育を行ったり、職場環境の改善提案をしたりすることです。

④事業場外資源によるケア

カウンセラーやメンタルヘルスサポート会社、病院など外部の専門家のサービスを活用して支援を受けるということです。

この「4つのケア」はメンタルヘルス対策の基本中の基本です。覚えておいてくださいね。

自分の健康に無頓着な人はストレスが溜まりやすい

先述したように職場にはストレス要因が増えていますが、働く人がメンタル不調になるのは、それだけが引き金ではありません。「職場のストレス」と「個人の心身の不十分な状態」が合わさったときに、不調は発生しやすくなります。

ですから、管理者が職場のストレスを減らしていくのと同時に、従業員一人ひとりがストレスに耐えられる強さを身につける＝セルフケアが欠かせません。

「4つのケア」の中でも特に大事なのが「セルフケア」です。どんなに職場環境を整えても、従業員が自分自身の健康管理をしていなかったら不調につながってしまいます。

働く人を守る法律「労働安全衛生法」には、セルフケアに関する文言も盛り込まれています。第69条の2として、「労働者は、前項の事業者が講ずる措置を利用して、その健康の保持増進に努めるものとする」と書かれているのです。働く人は、健康に仕事をするために、会社や上司の配慮を受け、自分で自分の健康を守る責任があるということを述べています。このことを「自己保健義務」と言います。

寝ずに職場に来てウトウトしていたり、十分な食事を摂らないことで仕事に集中できなかったりと、自分の健康に無頓着な人は、ストレスの蓄積にも気づきにくくなります。

不調を招かないためにまず整えるべきは、自身の生活習慣です。心の病気は脳機能障害です。たとえばうつ病は、神経伝達物質であるセロトニンやノルアドレナリンが減ってしまう、あるいは脳の中をうまく流れなくなる病気です。ストレスが蓄積することによって、また、生活習慣の乱れによっても脳機能が低下し、心の病気になることがあります。

心の病気を予防するためには、脳を元気にすること。そのための着実で確実な方法が、生活の質を上げることなのです。

食事、睡眠、運動、休養。この4つの質を見直してみましょう。

食事……バランスよく食べてしっかり栄養を摂り、脳に必要な栄養素を届ける。
睡眠……6時間以上、しっかり睡眠を取って、脳を休める。
運動……30分の有酸素運動を週に2回以上行って、脳機能を活性化させる。
休養……適度に休息を取ってリラックスし、自律神経のバランスを整える。

どれもあたりまえのことですが、このあたりまえができていない人が多いのが現実です。生活習慣なんて個人の問題だから関係ない、では手遅れになります。従業員一人ひとりに自己保健義務、セルフケアを徹底させ、もちろんあなた自身も改善していきましょう。

「0次予防」で職場の生産性を上げる

日本では、メンタルヘルス対策をネガティブなイメージで捉えている方がまだまだ多いのですが、アメリカでは、トップ500企業の95パーセントが、メンタルヘルス対策を経営戦略のひとつとして導入しています。その究極の目的は生産性の向上です。貴重な人材を失って業績を下げないよう対策に取り組んでいるのです。

厚生労働省の試算によると、精神疾患の経済損失はなんと、約2・7兆円（2009年度）。メンタルヘルス対策を行う理由は、急増する精神疾患に対処するためですが、人材だけでなく、こうした莫大な社会的損失を減らすことにもつながるのです。

病気になってからでは間に合いません。したがって、力を注ぐべきは「予防」です。

メンタルヘルス対策には、三次〜一次まで、予防に関する概念があります。

・三次予防は、病気から復職した人を再発させないこと。
・二次予防は、病気になった人を悪化させないこと。
・一次予防は、健康な人を病気にさせないこと。

しかし、これだけでは十分とは言えません。**最も大事なのは、「不調者が出ない健康な職場づくりをメンバー全員ですること」**。**いわば、「0次予防」です**。0次予防を十分に行っているかどうかが大きなポイントになります。

「不調者が出ない健康な職場」とは、ストレス要因の少ない働きやすい環境が整った職場のことです。もっと言えば、誰もが幸せに働ける職場のことです。そういった職場で仕事をすれば、従業員は心身ともに健康に成長していきます。

従業員みんなが健康になれば、職場内の人間関係も向上していきます。人間関係が良くなると、モチベーションが上がるだけでなく、業務上の連携がスムーズになり、結果的に、生産性も上がっていくのです。

そこで課長さんの役割が重要になってきます。「0次予防」を推進するキーパーソンは、チームメンバーにいちばん近い位置にいる課長さんたちだからです。日々、部下とやりとりし、どう成長させるか、どうしたら結果を出してもらえるか悩んでいらっしゃると思いますが、その悩みを解決するためにも、「0次予防」をチーム内で進めていただきたいと思います。

メンタルまでマネジメントしなければいけないなんて大変だ、と不安に思われるかもしれませんが、日常使う「言葉」をちょっと工夫することで、メンバーの健康度が上がっていくことが期待できます。その「言葉」を使うあなた自身も元気になっていくはずですから、のちほどご紹介することを少しずつ実践してみてください。

2　メンタル不調はなぜ生まれるのか

「なんとかしなきゃ」からスタートしよう

働く人のメンタル不調の原因の多くが、職場でのストレスです。

厚生労働省は5年に1度、「労働者健康状況調査」を実施し、働く人のストレスについて調査しています。

それによると、**ストレスの原因の第1位は、「職場の人間関係」**。毎回、堂々の1位を獲得しています。ほかには、「仕事の量」「仕事の質」「仕事の適性」「将来性への不安」などがランクインしています。

カウンセリングの場でもさまざまなお悩みを伺いますが、職場の人間関係にまつわる問題が9割を占めます。職場にはいろんな人が集まっていますから、当然合わない人もいます。物理的なことなら解決策は見つけやすいのですが、人間関係は生きた人間が相手。些細な引っ掛かりが生じやすく、どうしてもストレスになってしまうのですね。

事業者が行っているストレスチェックやカウンセリングからも、働く人のストレス要因がわかります。

「人間関係」以外では、「長時間労働」「裁量度が低い」「役割分担や責任範囲があいまい」「互いに助け合わない」「方針が不明確」「適性に合わない仕事をしている」「緊張感が続く仕事をしている」「クレーム対応に追われる」「職場の多様化」などが挙げられます。

あなたのチームの課題はなんでしょう？

日々、「なんとかしなきゃ」と思っていることや、漠然と問題に感じていることがあるはずです。チームリーダーである課長のみなさんがそれを明確にすることから、メンタルヘルス対策の「０次予防」はスタートします。

人間にとってはハッピーな出来事もストレスのひとつ

ここで「ストレス」とは何か、ということについてお話ししておきましょう。

ストレスとは、外部からの刺激に対する反応のことです。外部からの刺激、つまりストレスの原因は、「ストレッサー」と呼ばれ、大きく次の４つに分類されます。

1つめは「物理的ストレッサー」で、暑さや寒さ、天災、騒音、悪臭、通勤ラッシュ、パソコンの光など、環境からくる刺激のことです。

2つめは「化学的ストレッサー」で、酸素欠乏、薬物や化学物質などからの刺激で、アルコールやたばこもこれに含まれます。

3つめは「生物学的ストレッサー」で、病原菌の侵入、過労、栄養不足、病気やケガなどからだの不調が挙げられます。

そして最後は「社会・心理的ストレッサー」で、職場や家庭の人間関係、仕事のプレッシャー、転勤、失敗など、社会生活を送るうえで生じる出来事と、それに伴って湧き出る葛藤や不安、苛立ちなどです。

一般的に、ストレスは嫌なこと、悪いことが起きたときに感じるものだと思われていますが、それだけではありません。意外にも、結婚、就職、昇進などの嬉しい出来事も、大きな変化＝刺激となり、ストレスになります。人間、生きている限り、ストレスを避けることはできないようです。

ストレスという名の疲労が病気を招く

ストレッサーは毎日、私たちの身に降りかかってきています。それなのに、人間が自覚できるストレスは、全体のたった2～3割に過ぎないと言われています。自分で思っている以上にストレスは心身のあちこちに影響を与え、自分でも気づかないうちに蓄積していっているのです。

ストレスは、ストレッサーによって心身が疲労した状態です。運動すると疲労で脚が痛くなったりするように、ストレスが蓄積すると、さまざまなストレス症状が引き起こされます。

ストレス症状は「からだ」「心」「行動」の3つの側面に表れます。胃痛、頭痛、肩こり、めまい、イライラ、憂うつ感、集中力や思考力の低下、人との接触を避けるといった症状がじわじわと出てきます。

疲労が蓄積し続けると、はじめのうちは軽めだったストレス症状もどんどん重くなっていきます。そして、胃・十二指腸潰瘍、高血圧、気管支喘息、糖尿病、腰痛、円形脱毛症、自律神経失調症といったストレス関連疾患（心身症）に移行してしまうのです。

「うつ病」などの心の病気も、ストレスという疲労の蓄積によって発症します。しかも、自覚できないストレスのせいで、多くの人が、自分でも気づかないうちに病気になっていきます。うつ病はストレスの蓄積によって起こる病気であり、だからこそ誰でもかかるものであることを知っておいてください。

現代の職場は、かつてとは比べものにならないほどストレッサーが増えています。働く人にうつ病が増えるのも無理はありません。ですから、ストレスという疲労を溜め込まない職場づくりがとても大切なのです。職場のストレス要因を取り除くこと、部下に疲労を溜めさせない職場マネジメントが、現場のリーダーである課長に求められています。

ストレスで折れやすい人とは？

同じストレッサーを受けても、ダメージを受ける人＝心が折れる人と、ダメージが少ない人＝心が折れない人がいます。つまり、ストレスに弱い人と強い人です。

ストレスに弱い人には以下のような特徴があります。

・まじめすぎる
・頼まれたら断れない
・相談できる人がいない
・プライベートで大きな問題を抱えている
・コミュニケーションが苦手
・健康や経済的に不安を抱えている
・趣味など気分転換の方法をもっていない
・生活習慣が乱れている
・自己肯定感が低い

私はうつ病になった方のカウンセリングを多数してきましたが、その方々には共通点がありました。「まじめすぎる」人が、「気分転換もせず」、辛くても「断れず」、誰にも「相談せず」、「ひとりで頑張りすぎていた」というものです。

周囲にたくさんの人がいるにもかかわらず、仕事をひとりで抱え込んでしまう人は、ストレスが蓄積しやすく、メンタル不調のリスクが高いと言えます。

また、もともとストレスに強い人であっても、職場でのストレスにさらされ続けて疲労が限界までくると、突然、ダウンしてしまうこともあります。そういう人がメンタル不調になったとき、周囲は「まさかあの人が？」と驚くことが多いものです。

「あの人は大丈夫」などとけっして思わず、日頃からちゃんと一人ひとりを見て、微妙な変化に気づいてあげることが大切です。

元気なうちから〝メンタルダウン〟を防ごう

私たちはさまざまなストレスに囲まれて暮らしていますが、人間、ストレスが全くなくても生きてはいけません。仕事で言えば、良い加減＝適度なプレッシャーや適度な目標などがあったほうが俄然やる気になり、結果的に生産性も上がります。

しかし、あまりに過度にストレスがかかると、疲弊し、やがて〝メンタルダウン〟を起こしてしまいます。

前述のように、職場でストレスを溜め込みやすい人は、まじめで、一生懸命で、ひとりで仕事を抱え込んでしまいます。

忙しいみんなを気遣って「手伝って」となかなか言い出せなかったり、「自分でやったほうが早い」と頑張ってしまったりします。また、SOSを出すのも下手で、本人は出しているつもりでも、周囲には単なる愚痴や不満にしか聞こえないこともあります。そうして、誰の助けも得られずに頑張り続けた結果、ある日突然、ポキッと折れてしまうのです。

このような人は、しんどさや辛さをちゃんと表現できないので、上司も本人がとても辛い状態にあることになかなか気づけません。しかも、そういう人はたいてい仕事がとてもできるので、上司も「大変かもしれないけど、あの人なら今回もきっと大丈夫だろう」と、心配もしていなかったりするのです。

チームの大切な戦力をメンタルダウンさせないよう、元気なうちからサポートしておきましょう。

ふだんからこまめに会話をして、進捗状況だけでなく、からだと心の状態を聴いてあげてください。休みの日に元気に過ごせたかどうかもヒアリングしてください。疲労が溜まっているかどうかの大事なバロメーターになります。

疲れているようなら、仕事の調整をしましょう。本人が大丈夫だと言い張っても、サポートをつけるなどして、負担を軽減してください。

愚痴や弱音を吐くことが苦手な人には、「困ったことがあれば、いつでも言ってほしい」と伝えておきます。メンタルを健康に保つためには、セルフケアが大事であること、大変さを口にするのは悪いことではないということを、繰り返し伝えておきましょう。

3 不調を未然に防ぐために課長ができること

課長が覚えておきたい4つのこと

働く人を守る法律「労働安全衛生法」の中に、「安全配慮義務」について述べた項目があります。事業者は労働者の健康を守らなければならない、という義務です。第65条の3では、労働者が健康を守れるよう「作業の管理を適切に」することを求めています。また、第69条第1項では、労働者の健康を守るために「健康教育」と「健康相談」を継続的かつ計画的に進めるよう求めています。

これらは事業者に課せられた義務ですが、職場の中でこれを代行・推進していくのは管理職の役目。つまり、課長さんには「安全配慮義務」があるということです。部下がメンタル不調に陥らないように、仕事の調整をしたり職場環境を整えたりしなければいけないわけで、この義務を怠ると、罪に問われることがあります。実際に、過労自殺などの事例においては、部下が長時間労働で過労状態にあるにもかかわらず、適切な措置を取らなかったとして、その上司が罪に問われているケースがあります。

課長のみなさんはそれだけ大切な役割を担っているのです。このことはまず、頭に入れておいてください。

とはいえ、「罪」という文字を見ると、ちょっと怖いなと感じてしまいますよね。でも、常識的な範囲でマネジメントができていれば、そのようなことにはならないはずです。この本を手に取ってくださった意識の高いあなたなら、「安全配慮義務」を守ることは難しくないと思います。ではいったい、どんなことをしたらいいのか。

具体的には、次の4つを実践することを意識してください。

①教育研修、情報提供　↓健康の知識を伝える教育や情報提供をする。
②職場環境等の把握と改善　↓職場のストレスを減らし働きやすい環境を整える。

③メンタルヘルス不調への気づきと対応　↓様子が気になる人がいたら対応する。
④職場復帰における支援　↓復職した人には適切なサポートをする。

これは、厚生労働省の「メンタルヘルス指針」の中にある「4つの具体策」と呼ばれるものです。メンタル不調を防ぐために、何をしたらいいかが書いてあります。まずは、**あなた自身が自分の健康意識を高めましょう**」ということです。まずは、**あなた自身が自分の健康、ストレスに敏感になってください。そうするとストレスへの意識が高まって、周囲の人のストレスにも気づけるようになっていきます**。

ストレスやメンタルヘルスの知識をもたないといけないのかなと不安になってしまうかもしれませんが、あまり難しく考えすぎないでください。日頃から部下をよく観察し、いつもと違った言動が気になったら対応をする。そんなごくあたりまえのことをしていただきたいのです。「疲れたら寝るのがいちばん効果的だ」といった健康情報を日頃から話題にするのも、「4つの具体策」を実践することになります。今よりちょっとだけ健康意識を高めて、自分と周囲の変化に早めに気づけるようになっていきましょう。

4つめの職場復帰は、とても難しいところです。職場復帰してきた部下がいる場合は、自分ひとりで抱えずに、産業医、保健師、人事などと連携してサポートするようにしてください。

メンタル不調のサインを知ろう

「4つの具体策」の中でも③の「メンタルヘルス不調への気づきと対応」は、課長のみなさんに特に頑張って取り組んでいただきたいことです。部下の不調のサインを初期の段階で見つけることができれば、病気を未然に防ぐことができるからです。

とはいえ、どこを見たらいいのか、どんなサインが出ていたら不調だとジャッジすべきなのか、難しいですよね。

そこで、代表的な「ストレスサイン」をご紹介します。

・遅刻、早退、欠勤が増える
・仕事の能率が落ちる
・不注意によるミスが目立つ
・あいさつや会話が減る

・イライラしている
・身だしなみが乱れる
・眠そうにしていることが多い
・顔色が悪い
・笑わなくなった

いかがでしょう?

ストレスが蓄積してくると元気がなくなりますから、見た目にもそれが表れます。また、思考力や集中力が落ちてくるので、仕事がいつものようにこなせなくなりま す。「対人恐怖」という症状が出てくるために、人付き合いが悪くなったり、会話を避けるようになったりします。

ここに挙げたサインは、「抑うつ状態」の症状で、ストレスの蓄積に伴う心身の疲労によって表れてくるものです。誰もが経験します。こうした症状が、ある程度以上重症化すると、「うつ病」に移行することもあります。


部下をメンタル不調にさせないために大切なことは、このサインが出ている段階ですぐに適切な対処をすることです。

「あれ？」と思ったら30分以上かけて話を聴こう

適切な対処とは、「ほったらかしにしないこと」です。

部下の様子が「いつもと違うな」「あれ、どうしたんだろう？」と感じたら、すぐに声をかけて、話を聴きましょう。

状況を正確に把握するためにも、できれば30分以上時間を取り、

・困っていること、悩んでいることは何か
・からだと心の不調がいつからどんなふうに出ているか
・眠れているか
・食べられているか

などといったことをじっくり聴いてください。その際、みんながいるところではなく、会議室など周囲の目が気にならない場所に移動しましょう。職場の中に落ち着ける場所がないなら、カフェなどに移動してもいいと思います。ただし、隣の席

との距離が近く声が聞こえてしまうような状況は避けたいですね。なるべく、ゆったりとテーブルが並べられた店や空いている店が望ましいです。

そして、話の内容に応じて、対応を取ります。仕事のことで疲れているのであれば、それは課長さんの対応範囲になります。たとえば、仕事量が多すぎてまいっているとしたら、仕事の分量を減らす。同じチームの人とギクシャクしているとしたら、仲を取りもったり、接触を少なくしたりするなど配慮をする。このように、部下のストレス要因が軽くなるように、調整をお願いします。

その対応策によって状態が良くなればひと安心ですが、もしかするとストレス症状が強く出ていて、眠れない、起きられない、食べられない、食べても吐いてしまうといったような状況に陥っているかもしれません。あるいは、プライベートのことで悩んでいて調子が悪いのかもしれません。自分の性格や生活について気になっているのかもしれません。そのような場合は、職場のマネジメントの範疇ではありません。ひとりでなんとかしようとせずに、医師やカウンセラーなどの専門家に本人をつなげてください。

その際、「からだの症状を改善しよう」という言い方をすることがポイントです。「これは特別なことではなく、疲れが溜まってからだが悲鳴を上げている状態」だということ。「いい仕事をするためにも、今はからだを元気にすることが最優先」であるということ。**そして、「あなたは大切な仲間で、心配している」ということ**。

これらを伝え、専門家のところに行くことを勧めてください。そしてちゃんと行ったかどうかを確認し、行ったあとの状況をヒアリングすることも忘れないようにしてくださいね。

不調のサインを見つけたときの対応の流れをご説明しましたが、調子が悪い部下の話を聴くのも、対応策を取るのも、大変なことです。そのことで課長さん自身も疲れてしまうと思います。それで課長さんがまいってしまったら元も子もありません。大変なときはひとりで抱えず、上司やカウンセラーに相談してくださいね。また、メンバー同士がお互いに様子の変化に気づけるよう、チームワークを上げておくと、課長さんの負担も減っていきます。健康なうちにチームワークを良くする工夫をしておきましょう。そこで「ほめ」も活用してみてくださいね。

職場のストレスを減らしていこう

「4つの具体策」の中の②「職場環境等の把握と改善」も、課長のみなさんの大事な仕事です。まずはチームの問題が何かをじっくり考えて明確にしてください。そのうえで、改善策を練り、実行に移します。

たとえば、多くの職場で問題になっている「長時間労働」。

長時間労働を改善したある課長さんは、改善策として「情報共有」を徹底しました。週に一度の課内会議で、誰が何をしていてどこまで進んでいるかを全員で確認し合ったといいます。その結果、手が空いている人は立て込んでいる人のサポートをし、ヘルプが欲しい人は素直に声を上げられるようになったそうです。気づけば、いつの間にかみんなが早く帰れるようになったといいます。

「人が足りない」と不満を漏らす課長さんも多いのですが、人が増えれば問題は解決するのでしょうか？　できる（と思われている）人にばかり仕事が集中していませんか？

役割分担のあいまいさも、ギクシャクした人間関係も、情報共有とコミュニケーションの不足から生じていることが往々にしてあります。コミュニケーションは、取りすぎて悪いことは何ひとつありません。情報共有ができているかどうか、チーム内のコミュニケーションが十分にとれているかどうか、まずは点検しておいてください。

ひょっとすると、課長自身が気づいていない問題もあるかもしれません。部下が遠慮して（または隠して）言わないこともあるかもしれません。**日頃からこまめに声をかけて、話しやすい雰囲気を作っておきましょう。**そして、個別面談を定期的に行い、困っていることや気になっていることがないか、ヒアリングしてください。

課長自身が不調にならないために

今は課長の多くがプレイングマネジャーです。自分の業務をこなすだけでも大変なのに、それに加えて部下のマネジメントもしなければなりません。役員や部長からはもっと成果を上げろと言われ、下は文句は言うのに積極的に動いてくれず……。さらに、部下に残業させないために膨大な量の仕事をこなさなければならなかったりもします。課長のみなさんは本当によく頑張っていらっしゃると頭が下がります。

そんな激務をこなす課長さんにメンタル不調が増えているのです。

ストレスチェック・組織分析の結果を見ると、課長クラスの健康度が低い組織が多いことに驚きます。私もカウンセリングや研修の現場で、休みも取れず、働き詰めで、心もからだもへとへとになっている課長さんにたくさんお会いします。

課長に昇進したとたんに「うつ」になる人もいます。昇進自体は嬉しいのだけれど、立場が変わり、しなければならないことが急に増え、混乱してしまう。初めてのマネジメントや、上から突き付けられる厳しい課題に強いプレッシャーを感じる。そんなストレスが一気にかかり、心身に不調を来してしまうのです。

部下を不調にさせないために一生懸命になっている課長さんも多く、そういう方とお話しするたびに、心を打たれます。**部下を守ろうとするその姿勢は素晴らしいのですが、それで体調を崩さないようにしてください。課長さんが元気でいてこそ、チームは元気になります。** まずは自分自身を大切にして、健康を守ってください。

課長のみなさんも以下に挙げることを意識して、ストレスを溜め込まないようにしてくださいね。

①生活習慣を良質にする。

②無理しすぎず適度に息を抜く。

③ストレス解消法を実践する。
④楽しく笑う時間をもつ。
⑤自分の限界を認め、人に助けを求める勇気をもつ。
⑥自分をほめる。

健康の秘訣はやはりなんといっても、良質な生活習慣です。先述した通り、生活の質を上げることが、心身を元気に保つ秘訣だからです。忙しい毎日の中でも、ちゃんと栄養を摂る、寝る時間を大切にする、お酒を飲みすぎないといったことに気をつけましょう。「今日は疲れた」と思ったら、いつもよりも長く寝るようにしてくださいね。「今日の疲れは今日のうちに取る」ことが、ストレスを溜め込まないコツでもあります。

楽しい時間をもつことも重要です。休日は寝るだけで終わってしまうという方もいらっしゃるのですが、そういった生活になるとストレス解消ができません。生活に張りもなくなるので、仕事もつまらなくなってしまいます。ストレスに強い人ほど、オンとオフの切り替えをしっかりしています。ぜひ、趣味など好きなこと、楽しいことをする時間を週に一度は作るようにしてください。ただし、お酒は要注意。

ストレスが高まり、反応が出ているときに飲酒すると、症状が悪化するおそれがあります。お酒以外の趣味をもちましょう。

最近、笑っていますか？　「楽しいから笑うんじゃない。笑うから楽しいんだ」という言葉があります。笑うと楽しくなる、ということです。笑顔を作ると、顔の筋肉が動きます。その動きが脳に伝わり、「あ、今、笑っている。楽しいんだ」と認識するというのです。試しに、今、笑顔を作ってみてください。なんとなく楽しい気分になりませんか？　嫌な作業をしているときでも、ちょっと笑顔を作れば、少し楽になるかもしれません。作業効率も上がる可能性があります。私の知人は、マラソンをするときに笑顔を作って走ると言います。笑顔で走ると、辛さが吹き飛んで楽に走れるのだそうです。

笑顔を作るよう意識することは、ストレスをためず楽しく生活する秘訣と言えそうです。もちろん、お笑い番組を見て笑ったり、気の置けない人と楽しい話をする時間をもったりして、積極的に笑うのもいいですね。

また、無理をしないようにすることも忘れないでください。まじめで優しい課長さんは、部下の分まで頑張ります。気持ちはわかりますが、健康がいちばん大切です。あなたには上司や同僚、家族や友人がいるはずです。頼れる人に頼る、「できない」と言いたいときには「できない」とちゃんと言う。自分を守るためにも、無理をしない勇気をもってくださいね。

ストレスを溜めないためのポイントの最後に挙げた「自分をほめる」は、自分だけでなく、部下の不調を招かないためにもとても大切なことです。**まずは頑張っている自分を「よく頑張った」と、しっかりほめてください。自分をほめることが、相手を助けることにつながり、安心して働ける健康的な職場環境につながっていきます。**「プラスの連鎖」をあなたの職場でも起こしていってくださいね。

第2章　チェックシート

□メンタルヘルス対策の基本中の基本である「4つのケア」を覚える

□まず整えるべきは自身の生活習慣。その質を上げて心身を元気に保つ

□最も大事なのは不調者を出さないこと。職場のストレスを減らして「0次予防」をチームで進める

□ストレスは避けられない。上手にコントロールする

□元気なうちにメンタルダウンを予防する

□部下にストレスサインが見えたら、ほったらかしにせず、すぐに話を聴く

□課長が元気でいてこそ、チームは元気になる。無理しすぎず、限界を認める勇気をもつ

□まずは頑張っている自分を「よく頑張った」とほめる

第3章

すぐに結果が見える効果的なほめ方18

この章では、「プラスの連鎖」を作るために効果的な職場での「ほめ方」をご紹介していきます。この18パターンの方法をマスターすれば。ほめ上手になれること間違いなし！　楽しみながら実践してください。

努力を無駄にさせない「過去形ほめ」

まずは、時制に着目！　時制と言って思い出すのは英語ですが、「ほめ」にも過去形、現在形、未来形があります。それぞれ効果が異なりますので、覚えて使い分けましょう。

「過去形ほめ」は、過去をほめること。「頑張ったね」「よかったね」「素晴らしかったですね」など、過去に起こったことを振り返りながらほめるということです。**落ち込んでいるとき、心身の調子がよくないときには、「頑張って」という言葉はとてもきついものですが、今までの頑張りをほめてもらえたら、それは力になります。**カウンセリングの場でも、「過去形ほめ」をよく使います。

何かを終えたとき、目標を達成したときなどにほめられると、達成感や喜びは倍増したように感じます。頑張ってよかったと思うことができ、自信が高まります。

そして、ほめてくれた相手と喜びを共有でき、心の距離が近づきます。

目標達成できなかったときも、それまでのプロセスをほめることで、本人の無念さが軽くなることがあります。「目標が達成できなかったのは残念だったね。でも、これまでずっと、休日も返上して勉強を重ねてきたよね。あれほどの情熱を注げたのは素晴らしいことだよ。よく頑張ったね」と、頑張ったことに対するねぎらいの言葉を贈るのです。「過去形ほめ」とねぎらいの言葉で、また新たな目標に向かおうという気持ちが湧いてくるはずです。

誰かを励ましたいときには、「頑張れ」ではなく「頑張ったね」と、「過去形ほめ」で、心に寄り添ってあげてくださいね。

職場を活性化させる「現在形ほめ」

現代人は「承認欲求」（自分を認めてもらいたいという思い）が強くなっていると前述しましたが、人間誰しもがもっているその欲求を満たしてくれるのが、「現在形ほめ」です。

「現在形ほめ」は、今の状態に「いいね！」をすること。その人がもつ能力、努力していること、ちょっとした工夫、意見やアイデア、独自の価値観、さらには存在そのもの、持ち物など、どんなことでもいいので、ステキだな、素晴らしいなと思ったことを、言葉にして伝えるのです。

「そのアイデア、とっても斬新ですね！」「あなたの事務作業は本当に正確ですよね。間違いがないから安心して任せられます」「最近、仕事頑張ってるね」「笑顔がいいね」など、日頃から感じていること、ふと目についたことを、どんどん口にしてしまいましょう。

現在形でほめられると、今の自分をほめられている＝認められていると感じ、承認欲求が満たされます。さらには、「今の自分ってなんかいいかも」という自信（自己肯定感）が湧いてきます。職場で、みんながお互いに「現在形ほめ」をし合うようになると、人間関係が良くなって職場の雰囲気が明るくなります。職場が活性化して、生産性向上にもつながります。

ＳＮＳで「いいね！」をするのはまさに、「現在形ほめ」。たくさん「いいね！」をすれば、相手からも「いいね！」をしてもらえ、自分の承認欲求も満たされます。

ただし、承認欲求が欲しいがために人をほめるのは本末転倒。承認欲求が強すぎると満たされない気持ちが募って苦しくなりますし、期待通りにほめてもらえなかったときに不満を感じるようになります。

「ほめ」は求めるものでも、求めに応じて与えるものでもありません。ほめるときもほめられるときも、それを肝に銘じておきましょう。

自信とモチベーションを上げる「未来形ほめ」

カウンセリングでも、視点を過去、現在、未来のどこに置くかというのはとても重要で、目的によって視点を置き換えています。先にご紹介したように、ねぎらいや不調の人をケアするときには過去に視点を置きます。承認して自信を高めてもらうには、現在に視点を置きます。そして、未来に視点を置く目的は、未来を想像・創造するためです。

自分らしくワクワク生きていくには、「将来、自分はどうなりたいか」をはっきりと思い描くことが欠かせません。ぼんやり、漠然と毎日を過ごしていると、あっという間に時間が経ってしまい、「こんなはずじゃなかった！」と後悔することになりかねないのです。

「ほめ」も、ワクワクする未来を作っていくためにとても有効。具体的には、

「きっとこうなっているよ」と未来を想像してほめるのです。
「あなたはこれまでこんなに頑張ってきたんだもの。いい結果が出るはず」
「全く新しいことにチャレンジするんだね。それほどの覚悟があって、準備も進めているんだから、きっとうまくいくと思うよ！」

こんなふうに、「あなたの未来はきっとうまくいく」というメッセージを贈るのです。こう言われたら、不安が和らいだり、自信がもてたり、モチベーションが上がったりしますよね。つまり**「未来形ほめ」は、相手の未来への力添えになるのです。**

ただし、根拠もなくただただ「大丈夫」と言うのでは、説得力がありません。「ほめ」が相手の心にちゃんと届くよう、うまくいくと思える理由を添えるようにしてくださいね。自分の未来を応援してくれるあなたに、相手はきっと信頼を寄せることでしょう。

期待を現実にする「ピグマリオンほめ」

むかしむかし。アメリカに、ロバート・ローゼンタールという教育心理学者がいました。ローゼンタールさんはある小学校で、こんな実験をしました。

名簿の中から無作為に数名をピックアップして、担任にこう言ったのです。

「この子はすごい！　短期間で驚くほど伸びますよ！」（注：そんなイメージです）

その子はとてつもない可能性を秘めている、すごい潜在能力がある、ということを、切々と説いたのです、何の根拠もない全くのデタラメにもかかわらず。

その言葉を聞いた担任はこう思いました。

「ローゼンタール先生が言ってるんだから間違いないわ！」（注：これもイメージです）

1年後。ピックアップされた子供たちはなんと、ローゼンタールさんの言った通り、飛躍的に成績が伸びていました。これは、ローゼンタールさんの〝予言〟を信じた担任が、その子たちに期待をもって接し、指導したからです。

これによって、〝人は期待された通りになる傾向がある〟という説が生まれ、それは「ピグマリオン効果」と呼ばれるようになりました。

このことからもわかるように、相手に何かを望むなら、文句を言うよりも「ほめ」が効くのです！　冷たい人に「あなたって冷たいよね」と言ってしまったら、相手はますます冷たくなります。**だったらピグマリオン効果を狙って、「あなたは優しい人だよね」と、期待を先取りしてほめてしまうのです**。

一度だけで終わらせず、折に触れて何度もほめ続ければ、相手は「私は優しい人なんだな」と思うようになり、その思いが行動に表れるようになります。頑張ってほしい、変化してほしいなら、「ピグマリオンほめ」で明るくメッセージを伝えましょう。

部下の自信と誇りを高める「サバイバルクエスチョンほめ」

カウンセラーは、いろんな心理療法を使って、クライアントの問題解決のお手伝いをしています。私がよく使うのは、「解決志向のアプローチ」という心理療法。原因追及よりも未来の理想像に焦点を当てるのが特徴で、短期間で問題が解決するというメリットがあります。

解決志向のアプローチには、ユニークなテクニックがたくさんあるのですが、中でも私がよく使うのが、「サバイバルクエスチョン」。

この名前を出すと、ほとんどの人が「なになに？　どんなクエスチョン？」と興味津々で食いついてきます。私も初めて聞いたときはそうでした。なんだかワクワクするクエスチョン・ネームですよね。

いったいどんな質問なのかというと、

「どうしてそんなに大変な状況の中で頑張ってこられたんですか？」

「なぜこんな複雑な作業をすんなりとこなせたんですか？」

といった感じで、サバイバルできた理由を聞く質問技法なのです。

このように質問をするのは、「あなたってすごいですね！」「見事ですね！」と言っているのと同じ効果があります。はい、質問の形を取った「ほめ」なのです。

何か大変なことを乗り越えたとき、「すごいですね」と言われるのと、「どうやって乗り越えたんですか？　教えてください」と質問されるのと、どちらが誇りを感じるでしょうか？　おそらくは、後者ですよね。そして、大きな自信につながっていきますよね。

部下の成果にも、ぜひこのクエスチョンでほめてみてください。

部下の仕事をストーリー化する「プロフェッショナルほめ」

「サバイバルクエスチョンほめ」は、相手を称えるのにとても有効ですが、実はもっとすごい「ほめ」があります。

「サバイバルクエスチョンほめ」の発展形で、その名も「プロフェッショナルほめ」。相手が頑張ったプロセスをよく聴いて、それをストーリー化していくという、ちょっと高度なほめワザです。

たとえば、とても難しいプロジェクトを担当していた部下が、斬新なアイデアを考えて任務を遂行したとします。そのプロセスをじっくり細かく聴いていき、最後にその話をまとめてからほめるのです。

「困難が訪れるたび、くじけそうになったんだね。でも、何がなんでもやり遂げるっていう気持ちをそのたびに思い出して乗り越えてきたんだよね。そういう苦しさを味わい続けてきたからこそ、ある日突然、斬新なアイデアが浮かんだ。そして、劇的にプロジェクトが進行したんだね。素晴らしい。苦しさに負けなかったからこそ得られた成功だよ！」

某ドキュメンタリー番組のようですが、まさにそれです。「プロフェッショナルほめ」されたら、自分も捨てたもんじゃないな、と思えます。**誰の仕事にも、ストーリーがあります**。**誰の仕事も人生も、捨てたもんじゃないんです**。何気ない日常の中にプロフェッショナルな部分を見出していくと、人生はもっともっと彩り豊かなものになっていきます。

部下の話をよく聴いて、その人ならではのストーリーを見つけ出してください。

もちろん、自分のストーリーも、見つけていきましょう。

ときには言葉より強力な「表情ほめ」

会話は、「表情としぐさが9割」と言われたりします。心理学に「非言語コミュニケーション」と呼ばれる理論があり、文字通り、言葉以外で思いを伝え合うコミュニケーションのことです。「目は口ほどにものを言う」というように、非言語の情報量は言葉を圧倒的にしのぎます。これを「ほめ」にも応用しましょう。

心の中でいくら「この人のことを理解したい。いい関係を築きたい」と思っていても、腕組みしたり頬杖をついたり、表情の乏しい顔で会話をしていたとしたら、それでは全く伝わらないのです。伝わらないどころか、「なんだかイヤな感じ」「この人と話したくない」と思われてしまいます。なぜなら、それらのしぐさや表情は、「あなたに関心がない」、もしくは「あなたを拒否する」という意味を表すからです。

心の中と見た目を一致させることが、コミュニケーションにおいてはとても大事なんですね。

会話をしているときの自分の見た目はどうなのか、ときどき客観的に見てみましょう。たとえば、スマートフォンなどで、会話しているときの自分を動画で撮影してみてください。その映像を見たときの衝撃は激しいと思いますが（！）、話をしているときの自分のクセがよくわかると思います。誰に何を言われるよりも、大きな気づきが得られるはずです。

私のセミナーでも、会話中の動画を撮影し、ご本人に見ていただくことがありますが、ほとんどの人が「私ってこんなにリアクションが薄いんですね……」と驚きます。おそらく、あなたもそうです。ほめ上手になるために、鏡を見て笑ったり怒ったり泣いたりと、表情を作る練習をしてみてください。

さらに、表情でほめる「表情ほめ」の練習もしてみましょう。言葉を使わずとも、表情を相手の感情に合わせるだけで「ほめ」になるのです。

たとえば、部下が何かに成功したとき。親指を立てて「くぅ〜っ！」と言いながら、「いいね！」という表情をします。そう、サッカー解説で有名なあのタレントさんのように。

あるいは、とびっきりの笑顔を、あるいは、目を見開いてちょっと驚いたような表情を、あるいは、相手の目を見て深くうなずくだけでも、喜びと賞賛の気持ちは伝わります。自分なりの「ほめ」の表情を研究してみましょう。

隠れた力が引き出せる「プラセボほめ」

「ピグマリオン効果」と似ているものに、「プラセボ効果」があります。ご存じの方も多いことでしょう。

薬効のない偽薬（プラセボ）を「良薬だ」と言われて飲まされた人の症状が実際に改善するという、不思議な現象のこと。「プラセボ効果」は、「思い込み」が力になるということです。

思い込み、大事ですね。ナポレオン・ヒルに「思考は現実化する」という有名な言葉があります。思ったことは現実になるという意味の言葉です。「私はできる！」とポジティブに思い込めば、結果はどうあれ、力をフルに出してチャレンジできるし、「私には無理だ」とネガティブに思い込めば、力を出し切れないままに終わるでしょう。**「思い込みが人生を左右する」と言っても過言ではありません**。

これを「ほめ」に応用してしまいましょう。名付けて、「プラセボほめ」です。

女性は他人（特に好きな男性）から、「キレイだね」「かわいいね」と言われ続けると本当にキレイになります。「私ってキレイなのね」と思い込むと女性は俄然、頑張ります。その思い込み通りになろうと、おしゃれをしたり美容に力を入れたりします。それだけではありません。キレイな人に似つかわしい表情や立ち居振る舞いをするようになり、ますます美しさに磨きがかかるのです。

部下に成長してもらいたいなら、具体的にほめましょう。私は雑誌編集者時代、上司から「あなたは原稿の文字数は絶対に間違えない人だね」とほめられたことがあります。それ以降、以前にも増して文字数のカウントをしっかりするようになりました。実はこの言葉には、「これからも間違えないように、よろしくね」という意味も込められているのです。

このように、気をつけてほしいところを先回りしてほめるのも「プラセボほめ」。これまでの成果に対する賛辞と、これからの期待を盛り込んでほめましょう。

インダイレクトにほめる「外堀ほめ」

直接ほめても、相手が正しく受け取ってくれなかったり、言葉が響いた様子がなかったりしたときはどうすればよいでしょう。一度そんな経験をすると、ほめても仕方がないと思ってしまいがちですが、あきらめないでください！

そんな相手には、「外堀ほめ」作戦でいきましょう。**本人ではなく、その周辺の人をほめるのです**。

管理職のコンサルティングをしていると、ご本人へのほめ言葉を繰り出してもニコリともせず、「いや、そんなことないです」と否定するばかりの部長さんや課長さんに出会うことがあります。何度か試みるのですが、やはり素直に受け取ってくれない。さて困った……！　そんなときは、

「あなたのチームのメンバーは、みなさんすごく前向きですね。チームワークもよくて、仕事が楽しいとおっしゃってましたよ」

というふうに、部下をほめます。すると、表情が一変します。笑顔になり、「そうなんです。本当に彼らは前向きで……」と、話に乗ってきてくれるんですね。

このように、その人の上司や部下、仕事のパートナー、家族など、近くにいる人をほめると、「ほめ」を素直に受け取ってもらえます。周辺をほめられると、「そんな素敵な人の近くにいる自分」が誇らしくなるのです。そして、自分の周りをよく見てくれた相手への感謝の念も湧いてきます。そのタイミングで本人へのほめ言葉を贈れば、スーッと素直に受け取ってくれる可能性が高まります。

ほめにくい人にも届く「ルーモアほめ」

相手に直接言葉を投げかけるだけが「ほめ」ではありません。周辺の人に本人へのほめ言葉を伝えるのもいい方法です。直接言うよりも、第三者から伝え聞いた言葉のほうが効力があるという説もありますよ。

あなたの周囲にはたくさんの人がいます。そして、人は噂が大好き。そこを利用してほめてしまいましょう。「噂」は英語で「ルーモア」。そう、「ルーモアほめ」です。

部下のEさんは、直接ほめても受け取ってくれない……こんな場合、Eさんと仲のいいHさんに「Eさんはいつも冷静に物事をジャッジするよね。感心しているよ」と話すのです。HさんがEさんに「課長がほめていたよ」と言ってくれたら、作戦大成功！　間接的にほめが伝わります。Eさんはきっと喜んでくれるはず。

直接ほめられるのも嬉しいですが、「あの人があなたをこんなふうに言っていたよ」と間接的にほめられると、とても嬉しいものです。「課長は自分のことをそんなふうに思っていてくれたんだ」「気にかけてくれていたんだ」ということが伝わるので、直接ほめられる以上に嬉しいのです。

この効果を、課長さんには大いに利用していただきたいと思います。「ほめ」を受け取ってくれない照れ屋の部下だけでなく、外回りなどで顔を合わせるのが少ない部下、なかなかほめる機会がもてない上司など、直接ほめにくい相手に使うもよし。いつも直接ほめている部下に、時には「ルーモアほめ」をしてみるのもいいでしょう。

会話中に誰かの話題が出てきたらすかさずほめるクセをつけておけば、「ルーモアほめ」がたくさんできますね。

ただし、必ずしも相手の耳に入るかどうかの保障はないので、「本人に届けばラッキー」くらいの気持ちでいるといいかもしれません。

部下にも使える「教えてほめ」

セミナーなどでほめることの効用をお話しすると、こんな質問をいただくことがあります。

「部下をほめるのはすんなりできるんですけど、目上の人をほめるのに抵抗があって。ほめるって、上から目線の行為になりませんか？」

ほめることには、敬意も含まれます。ですから、すべての人がほめる対象になります。ただし、相手との関係性によって、自分の立ち位置を調整する必要はあります。

あなたが誰かをほめるときにも、立ち位置を調整してみてください。部長や次長などの目上の人、あるいはお客さまをほめるとき、「なんと言ったら喜んでもらえるかな？」と考えてみます。目上の人には、やはり敬意を表する言葉を伝えたいですよね。「あなたを尊敬しています」「見習いたいです」と直接的な言葉を使うのもいいですが、もっと心をくすぐる言葉があります。それが、「教えて」です。

「報告をしてくれない部下がいるのですが、こんなときはどう対応したらよいか、教えてください」

相手の業績や尊敬に値する部分について教えてくださいと言うのです。**教えてください＝すごいですね、とほめていることになります**。ダイレクトに「すごい」と言われるよりも、「教えて」と言われるほうが目上の人の心をくすぐります。

目上の人に限らず、「教えてほめ」は部下にも有効です。

「○○さんはランニングをやっているよね？　私も走ろうと思っているんだけど、何から始めたらいいか教えてくれないかな？」

こんなふうに、部下の得意なことを教えてもらうのです。仕事のことでもいいですし、このように趣味の話でもいいですね。上司に「教えて」と言われた部下は、ランニングを頑張っていることを知ってくれている、認めてもらえた、ほめてもらえたと嬉しい気持ちになるはずです。

変化球の「ほめ」として、「教えて」を時折使ってみてください。

ハラスメント回避にも有効な「センスほめ」

ある組織で管理職の方々にほめ方のトレーニングをしたときのこと。成果や努力だけじゃなく、持ち物や服装などの「見た目」もほめる対象になりますよ、と伝えると、

「見た目について口にするとセクハラやパワハラになるから、やめたほうがいいとハラスメント研修で教わったんですけど……」

と、ご質問をいただきました。ハラスメントについては私も研修で防止策をお話しすることがありますが、「もう女性や部下に話しかけられなくなっちゃいます」と感想を述べる方もいらっしゃいます。

ハラスメントは、言葉そのものだけが問題なのではなく、日頃の関係性やコミュニケーションが大きく影響します。どんな言葉を使うかをよく考えることも重要ですが、どんな関係性を築いているかのほうがもっと大切なのです。

ですから、見た目について言及するのがハラスメントになるかどうかは、日頃の関係性次第。そして「言い方」次第です。いい関係が築けているのであれば、見た目をほめてもスーッと受け入れてもらえるはずです。ただし、体型や顔かたちについては人それぞれに思いがあるので、ハラスメントにつながりかねません。あまり触れないほうが無難でしょう。

見た目をほめる際には、持ち物やファッションの「センス」をほめるのです。「そのバッグ、いい色だね。こういう個性的な色を選ぶなんて、センスいいね」

このように、その素敵なモノを選んだ「あなたのセンス」「選択眼」が素晴らしい、と伝えるのです。

「そのネクタイの柄、いいね」「これ、妻が選んだんですよ」「奥さんセンスいいね」といった具合に、そのネクタイを選んだ「奥さんのセンス」もほめられます。

叱りをはさむ「サンドイッチほめ」

「今の若い人は、ちょっと叱るとすぐに折れてしまうから、怖くて叱れません」

こんなお悩みをよく耳にします。部下を成長させるには、叱ることも重要。「叱る」とは、その人が成長できるよう適切に教え導くこと。怒りの感情にまかせて上からものをいう「怒る」とは違います。上手に感情をコントロールして、怒らないように叱ってください。

さて、では上手に叱るにはどうしたらいいのでしょう？　はい、ここでも、「ほめ」が効きます。「ほめ」の間に「叱り」をはさむ「サンドイッチほめ」を実践してください。

叱られるのは誰でもあまり嬉しくないもの。だからこそ、叱るときには、それを受け入れる土壌を相手の中に作ることが大事なのです。**叱られるときはたいてい本人にも、罪悪感や申し訳なさがあります。頭ごなしに叱られ続けたら、卑屈な気持ちになって、素直に相手の言葉を受け入れられなくなってしまいます。**

まず初めに、仕事ぶりや人柄など、本人のいいところを伝えて、相手の心をほぐします。そうして、感情的にならずに「私」を主語にして叱ります。最後にもう一度ほめて締めくくるのです。

たとえば、話をちゃんと聴かない部下を叱るとします。

「キミは作業がスピーディだからいつも助かっているよ。だからこそ、もっとチーム内で力を発揮してほしいと思っている。でも残念だよ、また先方の話を聴き逃してミスしたわけだよね。今後は話をしっかり聴いて、ちゃんと報告してほしい。ここぞというときのキミの集中力はすごいんだから、これからは大丈夫だと信じているよ」

こんなふうにほめ言葉でサンドすることで、部下は「叱り」をちゃんと受け止め、行動改善しようという気持ちになるはずです。

信頼感が伝わる「相談ほめ」

カウンセリングの現場で感じていることですが、最近は「相談しない人」が増えているようです。特に20~30代は、上司にも同僚にも相談せずに、自己解決しようとする傾向があると感じます。

自己解決できればまあいいのですが、そうでない場合は、ストレスや悩みや仕事をひとりで大量に抱え込んで心身に不調を来したり、ありえないミスをしてしまったりと、思わぬトラブルを招いてしまいます。

「上司がいつも忙しそうなので、いつ声をかけたらいいかわかりません」

「こんなことを相談したらダメなヤツだと思われそうで……」

「迷惑をかけるので、同僚にも相談しません」

「相談をしない人」にそのワケを尋ねると、このような答えが返ってきます。相談＝迷惑をかけると思っている人がとても多いのですが、ちょっと寂しいですね。そして、それは間違いです。

相談するということは、相手を信頼しているということ。信頼できない相手には、相談をもちかけませんよね？ **相談するという行為は、「あなたを信頼しています」という相手へのメッセージです。あなたは信頼に値する人だとほめていることにもなるのです。**

課長であるあなたも部下からの相談を待つだけでなく、「部下に相談」というかたちをとりながら部下をほめましょう。「パソコンに明るい○○さんに相談なんだけど」「チームをまとめるのがうまいキミに折り入って相談があるんだけど」など、どんどん「相談ほめ」をすべきです。

教えやアドバイスをもらったら、「助かった！　ありがとう。やっぱり相談してよかったよ」と感謝をしっかり伝えましょう。解決策は見つかるし、信頼関係も築けるし、「相談ほめ」は簡単なのに効果が大きい「ほめワザ」なのです。もちろん、部長や次長など上司への「相談ほめ」もお忘れなく。

部長からの評価が上がる「報告ほめ」

自分の部下が社内で評判がよかったら嬉しいですよね？　それは、上司であるあなたの功績でもあるわけですが、なんといってもかわいがっている部下が頑張ってくれる姿、成長してくれる姿は、我が子の成長のごとく嬉しいものです。その成長をちょっと後押しするのが、「報告ほめ」です。

部下の仕事は「ほうれんそう」＝報告・連絡・相談ですね。「相談ほめ」同様、報告を「ほめ」に利用するのです。**自分の部下のよさを、自分の上司である部長に報告するというほめ方です。**

「うちの課の上田さんは、周囲の人たちのケアやサポートをよくしてくれるんです。調子が悪そうな人がいればすぐに声をかけて仕事を手伝ったり、落ち込んだ人がいれば励ましたりしています。おかげで課の人間関係はすこぶる良好です。上田さんのおかげだと感謝しているんですよ」

こんなふうに、部下の素晴らしい点を上司に報告します。部長は、課の様子はなかなか見られないもの。課員がどんなふうに働いているか、どんな良さをもっているかを知る機会が思うようにもてません。だからこそ、課長であるあなたが、詳細を報告する必要があります。単に業務のことだけを報告するのではなく、部下の詳細を伝えましょう。

すると、部長とあなたの部下が顔を合わせた際に「キミは周囲の人のサポートをよくしているんだってね。ありがとう」と、部長が直接、部下をほめてくれるかもしれません。部長からほめられたら、部下は相当嬉しいはずです。

それだけではありません。あなた自身が、「部下のことをよく見ているな」「部下をしっかり育てている」と部長に評価され、株が上がるかもしれません。いいことはどんどん口外してしまいましょう。

たまにほめて効果を高める「ランダムほめ」

ほめることはとても価値のあることなのですが、ほめ上手な人が陥りがちなワナがあります。それは、ほめすぎると効果がなくなる、というワナです。

「間欠強化」という心理法則があります。これは、ある行動をとったときに、毎回必ず報酬が与えられるよりも、報酬をあげたりあげなかったりと、ランダムにしたほうが、行動は強化される、というもの。

アメリカの心理学者、スキナーは、マウスを使ったある実験を行いました。レバーを押すと必ずエサが出てくる装置Aと、たまにしか出てこない装置Bを作ったところ、マウスがレバーを押し続けたのはBのほうだったのです。

つまり、たまにしかエサが出てこないほうが、そのときの喜びや興奮が大きいがゆえに夢中になったということです。パチンコなどがこれにあたりますね。たまに大当たりが出るから夢中になるわけです。

事あるごとにほめられると、それが当然になり、ありがたみがなくなります。同時に、心からのほめ言葉なんだろうか？　口先だけなんじゃないか？　という疑いすら出てきてしまいます。

せっかくほめても、それを素直に受け取ってもらえないのは悲しいですよね。ですから、「ランダムほめ」を心がけてみましょう。

毎回毎回ほめるのではなく、ランダムにほめるのです。緩急をつけ、日頃は小さく、ここぞというときには大きくほめる。こうすることで、あなたの的確な「ほめ」は、部下をさらなる成長へと導いていくでしょう。

自然と心がほぐれる「ありがとうほめ」

部下をほめるのって難しい、ほめ言葉がなかなか出てこないという人は、「ありがとう」から始めましょう。そうです、感謝も、ほめることになるのです。

「感謝」を辞書で引くと、「ありがたい気持ちを表すこと」と書いてあります。「ありがたい」は、「有り難い」。有ることが難しい。つまり、めったにない、ということ。考えてみれば、誰かに何かをしてもらうのは、有り難いことですよね。

お茶を淹れてもらうのも、落としたものを拾ってもらうのも、わからないことを教えてもらうのも、連絡をもらうのも、時間を共有できることも……。ふだんあたりまえだと思っていることも、「有り難い」ことなのです。

どんなに小さなこと（小さいと思ってしまうようなこと）も、誰かがそのためにエネルギーを使ってくれた結果、起こっています。その行為をねぎらう、称える、敬意を表するのはあたりまえですよね。ですから、感謝の言葉の「ありがとう」（有り難う）は、「ほめ」になるのです。

日本一美しい言葉と言われている「ありがとう」は、魔法の言葉です。ちょっとしたことにでも「ありがとう」と感謝されたら、嬉しいですよね。相手との関係は柔らかくなります。「ありがとう」をよく言い合っている職場やチームは、関係性がいいものです。

さらに、癒し効果もあります。マイナス感情でいっぱいになったときに、心の中で「ありがとう」を唱え続けると、不思議とマイナス感情が薄れていきます。「ありがとう」は自分の癒しにもつながる言葉なのです。

相手に直接「ありがとう」を言いにくいなら、心の中で「ありがとう」と唱えることから始めてみてください。慣れてきたら、勇気を出して「ありがとう」を口にしてみましょう。「貴重な時間を使ってくれて、ありがとう」。「助かるよ、ありがとう」。

「ありがとうほめ」で相手の表情が和らいだら、もっと言いたくなってくるはずです。「ありがとう」は、言えば言うほど、感謝したくなるポイントが次々と見つかる不思議な言葉です。

見返りを求めず「先手ほめ」

奥さんと喧嘩ばかりしているという方のカウンセリングをしたときのこと。「奥さんにほめ言葉をかけましょうよ」と言ったところ、こんな返事が返ってきました。「ほめる？　いやいや、できませんよ。今さらほめるだなんて。相手はこれっぽっちもほめてくれないのに」

ほめる＝負け。こんなふうに、かたくなになっている人は少なくありません。特に、ふだんうまくいっていないパートナーや上司を目の前にすると、「この人をほめるだなんて悔しすぎる！　できっこない」と思ってしまいがちですよね。

でも、このような話を聞くたびに、ケチだなあとつくづく思います。相手が優しくしてくれたら自分もする。相手が笑いかけてくれたら自分もする。相手がほめてくれたら自分もする。こんなふうに、相手の出方次第で自分の態度を決めているのです。出し惜しみなのか、負けず嫌いなのか、どちらにしてもケチですね。

ケチな人は、要するに「与え下手」なのです。与えることで損してしまう、負けてしまうと思うから与えられない。もしもお互いがケチだったら、冷戦状態は永遠に解消しません。

「ギブ＆テイク」という言葉がありますが、私がかつてインタビューしたトップランナーの中に、「ギブ＆テイクじゃ足りない。ギブ＆ギブ＆ギブ＆ギブンなんですよ」とお話ししてくれた方がいます。つまり、与えて与えて与え尽くせば、やがて与えられる。自分から与えることが成功の秘訣だとおっしゃっていました。

与え下手は、「テイク」ばかり要求しているのです。もらってばかりいては、自分が望むものは手に入りません。欲しければ自分から与えること。与え尽くすこと。与えることは負けではないのです。

ほめることも同じです。**ほめたら負けなどとケチな考えは捨てて、あなたから率先してほめましょう**。そう、「先手ほめ」です。プライベートでも職場でも、先手を打ってしまうのがうまくいくコツといえます。課長であるあなたの「ほめ」が、職場にもたらす影響ははかりしれません。「負けるが勝ち」なのですから。ケチは今日限り返上してしまいましょう。

まずは、最もほめにくい家族やパートナーを相手に、「先手ほめ」をしてみてください。最初はビックリされるかもしれませんが、めげずに「ほめ」を続ければ、きっとお返しがきます。それが続いていくと、ふたりの関係性は間違いなく変わります。プライベートの関係が良くなると、気持ちに余裕が生まれるので、職場でも「ほめ」が自然に出るようになりますよ。

第3章　チェックシート

□過去形、現在形、未来形の時制を使い分けて、効果的にほめる

□期待を先取りしてほめてしまう

□部下の仕事をストーリー化してほめる

□ほめることで、思い込ませる

□正面から「ほめ」を受け止めてくれない人には、その周辺の人をほめる

□本人の周辺の人に、その人へのほめ言葉を言う

□便利な「教えてほめ」と「相談ほめ」で部下も上司もほめる

□上司に自分の部下への「ほめ」を伝える

□見返りを求めずに、先にほめてしまう

第4章

ほめべた課長のための「ほめワーク」

ワーク1　1日1回、自分をほめる

ほめグセをつけることが、ほめ上手への第一歩です。この章では、「ほめ」が苦手な人でもほめ上手になれる「ほめトレーニング＝ワーク」をご提案していきます。

左ページのそれぞれの空欄には、あなたが実際に書き込んでみてください。

最初のワークは、自分をほめること！　まずはこれを徹底的に練習しましょう。

毎日最低1回、自分をほめることを自分に課してください。頑張ったこと、嬉しかったこと、楽しかったこと、失敗したこと……どんな小さなことでもＯＫ。

「今日一日、笑顔で仕事できた。部長に厳しい指摘をされたけど、それでも笑顔をキープした。よし、よくやった！」

などと、**大げさなくらいに自分をほめ称えましょう**。「ほめることなんて何もない」という人は、「今日一日を無事に過ごせた。よかった！」とほめます。

心の中でそっと唱えてもいいですし、ノートや手帳に書けばもっと効果的です。字を書くと脳が活性化しますし、自分を客観視することもできます。なんといっても、書いたものは、あなたの「ほめ」の軌跡。そして自分と周囲が変わる〝奇跡〟の証人になります！　ぜひ記録に残し、一つひとつの言葉を記憶に残していきましょう。

自分をほめる

自分へのほめ言葉を記録しよう。

例）

朝　・今朝もいい目覚めだ。
　　・朝食をしっかり食べられた。
　　・
　　・
　　・

昼　・午前中、集中できていたぞ！
　　・会議でのあの発言はよかった。
　　・
　　・
　　・

夜　・阿部くんにいいアドバイスができた。
　　・今日はよく頑張った！
　　・
　　・
　　・

ワーク2　あいさつでほめる

自分をほめられるようになったら、人をほめるワークの開始！　まずは準備運動を行いましょう。さて、その準備運動とは……あいさつを元気にすることです。「なんだ、そんなこと？」と思うかもしれませんが、**あいさつは人間関係構築の基本中の基本。「あなたの存在を認めますよ」という合図なのです。存在を認めることは、「あなたはOK」という承認のメッセージであり、「ほめ」になるのです。**

元気にあいさつしたら、ひとこと、ほめ言葉をプラスできるとなおいいですね。

私は、研修やセミナーに登壇したときには、冒頭のあいさつのあとに「とても和やかないい雰囲気ですね〜」などと、その場の空気感をほめ言葉にして伝えるようにしています。すると、受講者との間にあった壁がスーッと取り払われるのがわかります。そして、その後の話がとても伝わりやすくなるのです。その経験から、「あいさつ＋ほめ言葉」は、その後の展開を変えるものだと実感しています。

会った瞬間や廊下ですれ違うとき、初対面の相手に、「あいさつ＋ほめ言葉」を。相手の「ほめポイント」を見つける練習にもなりますよ。

あいさつでほめる

あいさつのあとにほめ言葉をプラスしてみよう。

例）
おはよう。
＋お、そのネクタイ、いい色だね！
＋今日も輝いてるね！
＋
＋

おつかれさま。
＋さっきの会議での発言。的を得ていてよかったよ。
＋今日はすごく精力的に仕事してたね。
＋
＋

（すれ違いざまに）
＋最近、調子がいいみたいだね～。
＋あなたの噂は聞いてるわよ。やったじゃない。
＋
＋

ワーク3　「あいづち50音」でリズムよくほめる

あいづちは、「あなたの話を聴いていますよ」というサイン。あいづちを上手に打つだけで、話し手は「聴いてもらえている」と安心し、話しやすくなります。さらにあいづちは、実に多弁。「私はあなたの話をこんなふうに理解していますよ。こう感じていますよ」ということを、たったひとことで伝えることができるのです。

つまり、**あいづちは、「ほめ」を短いワードで伝えるスキル**だということ。バリエーション豊かにあいづちを打てば、会話の随所に「ほめ」をちりばめることができるのです。

さらに、あいづちは、会話のリズムを作る効果があり、テンポよく会話を進めていくのに役立ちます。漫才師のやりとりを思い出していただくと、よくわかると思います。相手の話のテンポに合わせながら、ツッコミを入れるがごとくあいづちを入れましょう。

私は次のような「あいづち50音」を考案して、研修などで提唱し、活用しています。これを参考に、あなたオリジナルの「あいづち50音」も考えてみてくださいね。

あいづちでほめる

会話中にリズムよくあいづちを打とう。

船見敏子オリジナル「あいづち50音」

あ行　ああ　いいね　うん　ええ　お〜
か行　かっこいい！　キレイ♡　くぅ〜っ！　K点を超えたね！　こんなに！！
さ行　さすがです！　知らなかった　すごい！　センスいいなあ〜　そうなんだ！
た行　頼もしい　力があるね　強い！　ていねいだね　とてもいいね
な行　なんと！　憎いねぇ！　ぬくもりを感じる　ねーノリノリだね
は行　はあ〜　ひぃー！　ふぅーん　へえ〜　ほお〜
ま行　まぁ〜！　みずみずしい　無理もないよ　めったにないよ　もちろん
や行　やったね！　優秀！　よかった
ら行　ラッキー！　リアルだ　ルンルンだね　レベルが高い　ロマンティック！
わ行　わお！　ん？

ワーク4　ひとりほめ相撲をする

自分を他人と比較して落ち込むのは、日本人の得意技です。ならば、それを活用してしまいましょう。他人と自分を比較しほめて勝負する「ほめ相撲」です！

すぐできるワークとして、まずは「ひとりほめ相撲」を実践しましょう。ノートに、尊敬する人、上司やライバルなどの名前を書きます。そして、紙上で相撲を取るのです。そうです、あなたの頭の中にいる相手と、あなたとで。まさに、ひとり相撲です。

相手のいいところを書いたら必ず自分のいいところを書く――ほめ相撲は、自分で気づいていなかった自分のよさに気づくワークでもあります。**人間関係は鏡。人は、相手の姿を通じて、自分のことを見ています。ということはつまり、相手の中に見出した「いいところ」は、実はあなたの「いいところ」でもあるのです。**

「ほめ」は、すべての人に有効。企業研修でトレーニングをしてもらうと、「早速、今日家に帰ったら妻をほめたいと思います！」と感想を述べてくださる方もたくさんいます。家庭がうまくいっていると仕事もうまくいくもの。ぜひ、いろんな相手とほめ相撲をして、書いたことをどこかのタイミングで口にしてみてください。

ひとりほめ相撲

上司やライバルのほめ言葉を書いて自分と対戦してみよう。

例）

坂上部長（対戦相手）	**穂目太郎**（自分の名前）
声が大きい	聞きやすい声をしている
豪傑	ひょうひょうとしている
仕事が早い	作業がていねい
部下に慕われている	部下にいじられる（愛されキャラ？）
決断が早い	じっくり考える
優しい	おもしろい

取り組みを終えて……

キャラクターが違うけど、いい勝負だ。もっといい課長になるために、部長の優しさを見習っていこう。

ワーク5　リアルほめ相撲をする

「ひとりほめ相撲」に慣れてきたら、「リアルほめ相撲」にトライしましょう。誰かと実際に対戦するのです。ルールは簡単！　順番を決めて、交互に相手をほめ合うのです。飲み会の余興として行ってもいいし、社員研修などで実施してもいいですね。トーナメント方式にし、優勝者にごほうびを与えるとモチベーションも上がります。

「社員同士の距離が近くなり、職場の活性化に役立っています」という感想をいただいたある会社では、1対1のトーナメント方式でやっているそうです。

最初に先攻後攻を決め、進行役が「レディ・ゴー！」と言ってスタート。5ラウンドくらいまで行い、最終ラウンド終了後、進行役が、「Aさんが勝ちと思う人は右手、Bくんが勝ちだと思う人は左手を挙げてください」と言って、せーので、まわりの社員たちがどちらかの手を挙げます。多く手が挙がったほうが勝ちです。

「弊社では、人間関係のストレスは圧倒的に少ないと思います」と担当者さん。**勝った人は、相手のことをよく見ているということ。負けた人は、それだけたくさんほめられる部分が多いということ。**みんなで楽しめる、と好評です。

リアルほめ相撲

職場のみんなで対戦してみよう。進行役を決めて、まわりのみんなで勝敗を判定。

例)

・第1ラウンド

先攻:鈴木「佐藤くんは机の上の物を、いつも1ミリのズレもないくらいきれいに、直角に並べています(笑)」

後攻:佐藤「鈴木さんは一見物腰が柔らかそうですが、実はこの会社で一番芯が強くて、自分の意思を貫きます!」

・第2ラウンド

先攻:鈴木「佐藤くんはとても声が通って、電話とか打ち合わせの話に、思わず聞き入ってしまいます(笑)」

後攻:佐藤「鈴木さんの営業に同行したのですが、あんなに熱意をもって説明している人は見たことがありません」

といった具合に、対戦相手の良い点について、その人の働きぶりなど日頃感じていることを、エピソードをまじえながら交互に言い合い、まわりの人がみんなで判定をする。

何ラウンドまでやるか最初に決め、最終ラウンドまでいったら、進行役がまわりのみんなに判定を促そう。

ワーク6　ネガティブワードをほめワードに変換する《対部下編》

「ほめ課長」になるには、ふだんの言葉の選び方にも気を配らなければなりません。

職場には、ネガティブワードが頻繁に発生します。特に、自信をもてない部下や思うように仕事が進まない状況にある部下は、ネガティブワードを発しがちです。それをポジティブなワードに変換して「ほめ」につなげ、部下を育てていきましょう。ネガティブワードが飛び出したときこそチャンスです。

たとえば、「この仕事、僕にはハードルが高いです」と自信のなさを吐露したとき。つい「何言ってるんだ?」「そんなことないよ」と言ってしまいがちですが、その瞬間に相手は「この人はわかってくれない」と心のシャッターを下ろしてしまいます。頭ごなしの否定はＮＧです。

そこで、**いったんネガティブワードを受け止め、自信がないことを理解してみるのです。そうすることで、共感ができます。**共感されると相手の心が開きます。心が開いたところで、ほめワードを繰り出すと、それは何倍にもなって部下に響くのです。

どんな絶望的な状況の中にも、希望の種はあるものです。その種を見つけるのが、課長の役割です。

部下のネガティブワードを変換

部下のネガティブな言葉を「ほめ」に変換しよう。

例）

①「この仕事、僕にはハードルが高いです」

→「ハードルが高いか。自信がないのかな？　ここまでレベルが高い仕事は初めてだから、そう感じるのも当然だよ。でも、キミはAもBも立派にやり遂げたし、そろそろこのレベルにチャレンジする時期に来てると思うよ」

→

②「私は話が下手ですから……」

→「そう感じてるんだね。でも、いつも楽しそうにしてるじゃない。楽しそうなオーラは、言葉より説得力があるよ」

→

③「すみません、作業がまだ半分しか終わっていません。僕は本当にダメです」

→「そうか、半分か。当初の目標より少し遅れてるが、もう半分もできたんじゃないか！　ここまでやれたなら残りはずっと楽だよ。頑張ろう！」

→

ワーク7　ネガティブワードをほめワードに変換する《課長編》

課長たるもの、自分が発する言葉にも注意を払わなければいけません。ネガティブな言葉は、他人の頑張る気持ちをそいでしまいます。

たとえば、ミスをしたときに「なんでわからないんだよ！」と言われた部下はどんな気持ちになると思いますか？　自分が悪いとわかっていても、責められたと感じ、自信をなくします。課長は指導のつもりで言ったつもりでも、部下には暴言にしか聞こえません。厳しい指導と暴言は違います。時代は変わりました。暴言で人は育ちません。

まず、否定形は使わないこと。「遅刻するな！」は、「時間通り来て」に。「忘れるなよ」は、「覚えておこう」に。どうですか？　ずいぶん印象が変わりますよね？

また、「（私はあなたに）〇〇してほしい」と、**自分を主語にすると、メッセージはポジティブになります**。責められていると感じないので、相手はその言葉を素直に受け取ることができ、気持ちもポジティブになり、自分の行動を正そうと頑張るのです。

部下を叱るときには、私を主語にして伝えてください。そして、日頃の頑張りを言葉にしてほめワードを贈ってあげましょう。

自分のネガティブワードを変換

ネガティブな“心の声”をポジティブな“言葉”に変換して伝えよう。相手の人格や人間性を否定するような言葉は絶対にNG。ネガティブな言葉を言いそうになったら、いったん冷静に。そしてクールにポジティブな言葉＋ほめ言葉に変換。

例）
①「なんでわからないんだよ！」
→「なんでわからないんだと思う？」
→

②「何度同じミスをするんだ。だからお前はダメなんだ！」
→「このミスは3回目だね。僕はキミにとても期待していたから、がっかりしたな。いつも目標をちゃんとクリアできているんだから、次はこれをしっかりこなすことを目標にしよう！」
→

③「大事な会議なんだから遅刻するなよ！」
→「大事な会議だから、10分前には会議室に入ってほしいんだよね」
→

ワーク8　相手のほめポイントを見つける

部下を自然にほめられるようになるためには、日頃からほめポイントを見つけておくことが大切です。

特に、やる気がなさそうな部下や何を言っても響かない部下に対しては、「ほめるところなんてない！」と思ってしまいがちですが、ちょっと発想を変えましょう。その嫌なポイントを、ほめポイントに変えてしまうのです。

「調子がいい」のは「ノリがいい」、「いいかげん」なのは「力の抜き方を知っている」、「付き合いが悪い」のは「自立している」。**人の長所と短所は、表裏一体です。**自分では短所だと思っていることが、他人から見たら長所だということもあれば、課長には短所にしか見えない部下の一面も、ほかの人には長所に映っているかもしれないのです。

嫌だな、と感じたときに、それを紙に書き出しておくといいでしょう。そして、それをポジティブな言葉にして伝えることで「ほめ」にします。

また、遅刻せずに出社するなど、ごくあたりまえのことも、ほめるポイントです。あたりまえにこそ感謝する姿勢が大切です。

相手のほめポイントを見つける

嫌なポイントや、あたりまえのことほど、ほめポイントになる。むしろそこに注目してみよう。

例）

① やる気のない部下

・行動が遅い→癒し系

・詰めが甘い→大らか

・

・

② 怖い部長

・言い方がきつい→ビシッと指摘できる

・すぐ怒る→いつも真剣

・

・

③ あたりまえのこと

・毎日定時に出勤してくる→休まず頑張っている

・予定通りに仕事を進める→責任感がある

・

・

ワーク9　チームde自画自賛

メンバー一人ひとりのサポートをするだけでなく、チームを活性化し伸ばしていくのは課長の大きなミッション。強いチームを作るには、全員で目標を共有し、そこに向かって一人ひとりが何をすべきかを明確にすることが大切です。いい人間関係（お友達のように仲良くなる必要はありませんが、チームメンバーとして協力し合える関係）も、不可欠な要素です。

チーム力を強化する研修では、ディスカッションをしながら、問題解決のための目標やタスクを探っていくプロセスを踏んでもらいます。その中で「お互いのいいところをほめ合う」「チームの長所を挙げていく」といったワークも行っていきます。

つまりは「自画自賛」してもらうわけですが、これをするのとしないのとでは大違いなのです。**自画自賛したチームは、モチベーションが上がり、研修で決めたタスクをみんなが実行し、職場での会話も増え、チームの関係が見違えるほどよくなります。**

会議などを利用して、メンバーみんなで自分たちのいいところを口にする時間を作ってみてください。習慣化すると、モチベーションも保てるようになります。

チームde自画自賛

チームのメンバーみんなで、自分たちのいいところを出し合おう。

例）

①「新しいプロジェクトに向けて、自分たちの力を見直したいと思う。このチームにはどんな力があるだろう？　私は、お互いによく助け合っていると思っているよ。みんなはどんなところがいいと感じている？」

↓

メンバーの自画自賛

・会話が多いと思う

・みんな優しい

・

②「この半年、お疲れ様でした！　チームとしてグッと成長したと思うけど、どんなところがよくなったと思う？」

↓

メンバーの自画自賛

・問題解決力が高まった

・雰囲気が明るくなった

・

ワーク10　ほめカード大作戦

ほめることの大切さを認識し、ほめ合う仕組みを作る会社も増えてきました。ある外資系企業では、イントラネット上でほめるシステムを構築しています。そこでは、素晴らしい行いをした人や、「この人、いいな」と思ったときなど、いつでも自由に他者をほめることができます。そして、1年間でもっともほめられた回数が多かった人には海外旅行などのプレゼントをしているのです。**本人も嬉しいし、ほかの人も「自分も頑張ろう」と思う気持ちが湧いてくるそうです**。

製造業のある企業では、感謝の気持ちを感じたときに、壁に貼られた名前一覧のところにシールを貼るシステムを採用しています。「ありがとうシール」ですね。ノルマを達成した人にシールを貼るシステムは昔からありますが、「ありがとうシール」のほうがモチベーションは上がりますよね。

あなたの会社にそんなシステムがまだないなら、ぜひチーム内だけでもほめ合いのシステムを作ってください。お勧めは、手書きの「ほめカード」を渡す方式。ほめられて嬉しいことにプラスして、手書き文字のあたたかさに、心がほっこりします。

ほめカード大作戦

ほめカードに気づいたことや感謝の気持ちを書いて相手に渡そう。もしくは、カードを入れるボックスを置いておき、そこに投函する方式でも。課長がボックスを開け、ほめられた人にカードをそっと渡そう。

ほめカードの例）
「忙しくてイライラしていたとき、木村さんがそっとチョコレートを差し出してくれたのが沁みました。めちゃ気持ちが和らいだよ。ありがとう（＾＾）」
「中島さんへ。早く中島さんのように仕事ができるようになりたい！　なれるように自分も頑張ります！」

課長さんも書いてみよう。

・いつも頑張っている部下へ
「　　　　　　　　　　　　　　　　　　　　　　　　」
・失敗した部下へ
「　　　　　　　　　　　　　　　　　　　　　　　　」
・仕事を手伝ってくれた部下へ
「　　　　　　　　　　　　　　　　　　　　　　　　」

第4章　チェックシート

□ほめグセをつけるために、1日1回、自分をほめる

□あいさつのついでにほめてしまう

□あいづちで短い「ほめ」を贈る

□他人と自分のいいところを書き出し、比較してみる

□飲み会や研修で実際に誰かと「ほめ相撲」をしてみる

□部下のネガティブワードを受け止め、ポジティブワードに変換して返す

□自分のネガティブワードをポジティブワードに変換して部下に伝える

□ほめポイントを積極的に見つける

□みんなで自分たちのいいところを出し合う

□チーム内でほめ合う仕組み作りをする

《50音順》ほめ言葉辞典

成果が上がる、チームが変わる！
職場で使えるほめワード100

いざほめようと思っても、どんな言葉を使ったらいいのかわからない、とっさに言葉が出てこないということもありますよね。そこで、部下はもちろん、上司、お客さま、家族、友人など、さまざまな相手に使える「ほめワード」を100語ご紹介します。今日からどんどん使ってみてください。

〔**会えてよかった**〕

人は人に力をもらい、生きている。どんな相手からも、何かしらもらっている。ヒット曲の歌詞にもなった「あなたに会えてよかった」という言葉は、その感謝を伝えるひとこと。こんなふうに言われたら、誰もが生まれてきた甲斐があったと感じるもの。部下はもちろん、いろいろな相手に伝えたい。

〔**明るい**〕

ところ構わず明るく振る舞うのは別として、性格の明るさはその場に光を灯し、場を盛り上げ、人々の気分を明るくする。明るいことは良きこと。「キミの明るさは、太陽のように職場をあたたかくしてくれるね」と、その明るさがなぜいいのかを伝えよう。

［頭が下がる］

熱心に何かに打ち込む様子や一心不乱に物事に向き合う様子に心を打たれた、感心したというときに、「あなたの熱心さには本当に頭が下がるよ」などと用いる。しかし、目上の人や取引先の人に使うときには要注意。日頃頭を下げていないと解釈されかねない。「敬服します」と言おう。

［あなたのおかげ］

相手に手柄を譲るひとこと。あなたがいればこそという感謝を忘れない行為が、周囲からの信頼を呼ぶ。「うまくいったのは◯◯さんのおかげですよ！」「キミのおかげで問題を解決できた」など、デキる課長ほどこのほめ言葉を多用している。上司にはもちろん、部下にも伝えたい。

［あなたのように生きたい］

相手の生き方を尊敬していることを伝える、これ以上ないほめ言葉。主に目上の人に対して、具体的に尊敬する点を示しながら使う。使用例：「ひとつのことにここまで情熱を傾けておられるんですね。あなたのように生きたいです」

［あなたらしい］

「その選択、あなたらしいよ」「そっちのほうがあなたらしいね」と、相手が選んだこと、取った態度などを支持する言葉。〝自分らしく生きる〟のは難しいもの。これでよかったのかと迷うことも人生には多々ある。そんなときにこう言われると、力になる。

［あのひとことが忘れられない］

誰かに言われたたったひとことが、人生を

変えてしまうこともある。それは、一生の宝になるもの。もしもそういった言葉をもらったことがあるなら、どんなに時間が経っても構わない、対面でも電話でも手紙でもいい、伝えよう。それは、最大級の「ほめ」になる。

［安心］

きっちり仕事をこなしてくれる人には、安心して仕事を任せられる。ブレない人、安定感のある人といると、安心する。あなたの力や存在によって私は安心できますよ、と伝えることは、相手をほめることであり、相手の自信にもつながる。上司の「安心して任せられるよ」のひとことで部下も力を発揮する。

［いいアイデア］

他者のひらめきや策をほめるときに使うが、ビジネスシーンではもっと多用すべき。たとえそのアイデアに賛同できなくとも、ひとまず「いいアイデアだね」「ナイスアイデアだよ」とひとほめ。そのあとで別のアイデアを出せば、建設的な議論ができる。

［いいね］

他人の言動を肯定する言葉。気軽に「ほめ」ができるので、口に出して言うにも使い勝手がいい。ほめ慣れていない人は、SNSで「いいね」ボタンを押すことから始めても。SNSでボタンをポチっとするだけで「ほめ」トレーニングになる。

［意志が強い］

誘惑に負けることなく初志貫徹できることは、素晴らしいこと。「毎日休まず勉強してるの？　意志が強いね！」などと、頑張る姿を応援しよう。死語になりつつある「根性あるね」もまだまだ使えるほめ言葉。

［いぶし銀］

一見地味だけれど渋い魅力を醸し出している人を称える言葉。「ベテラン」というニュアンスもあるので、職人さんや職人気質の人など、ひとつの道を追求している人にはピッタリ。「御社のあの職人さん、いぶし銀の魅力ですね」など、間接的にほめるのもいい。

［癒される］

1999年ごろ、「癒し系」という言葉が流行。ふわっとした印象のある女性を指して言ったりしていたが、分別のある大人なら使い方を考えたい。話していてホッとしたり、気持ちが楽になったりしたとき、「癒された。ありがとう」と素直に言おう。相手にとっても癒しになる。

［うるわしい］

気高さ、美しさ、仲の良さなどを表す言葉。「美しい」が好ましい美を指すのに対し、「うるわしい」は端正な美を表現するとされる。「美しい」では表現しきれないとき、「なんてうるわしいお姿でしょう」「うるわしい友情ですね」とほめてみよう。機嫌のよさそうな様子のお客さまなどに「ご機嫌うるわしく、何よりです」と声掛けするのも粋。

［嬉しい］

何かしてもらったときに「嬉しい」と言うのはもちろん、多彩なシーンで使える言葉。「あなたと一緒に仕事できて嬉しい」と仲間に伝えれば結束が高まる。「期待以上の結果を出してくれて嬉しい」と部下に言えば、最上級のねぎらいになり「ほめ」になる。

［運も実力のうち］

ものごとがうまくいったことをほめられ、「運がよかったんですよ」と謙遜する人に、このほめ言葉でさらに「ほめ」の追い打ちをかける。「運も実力のうちだよ！」と言えば、相手ももはや謙遜できない。いや、無理に謙遜する必要がなくなる。ｗｉｎ‐ｗｉｎの結末に。

［偉い］

「あんたは、エライ！」というセリフがかつて流行したが、時代を経ても「エライ！」はとても便利で使いやすいほめ言葉だ。ただし、やや上からものを言うニュアンスを含むため、目上の人に使うのは注意が必要。若手や子供が頑張っているときに「エライね」と使うのが自然。

［おいしい］

コミュニケーションを円滑にする調味料言葉。誰かに料理を作ってもらったり、人と一緒に食事したりするとき、この言葉を忘れないようにしたい。家庭がうまくいっている人は、食事を作ってくれたパートナーに「おいしいよ」とよく言っている（船見調べ）。

［オーラがある］

「あなたにはオーラがありますね」は、誰にでも使えるほめ言葉ではない。独特のエネルギーを発していて、他者を引きつける人に似つかわしいからこそ、言われてとても嬉しい言葉だ。「カリスマ性がある」「輝いている」「キラキラしている」なども同様。

［落ち着きがある］

冷静沈着、どっしりと構えている様子をほ

める言葉。「年齢のわりに落ち着きがあるね」「プレゼン前なのに落ち着いてるな」などと使う。ただし、本当に落ち着きのある人に言っても、「それで何か?」と、落ち着いて返されることもある。

［**おっとり**］

のんびりゆったり構えている人、ときに「トロい」と言いたくなってしまう人には、このほめ言葉を。せかせかしている人の中で「おっとり」できるのは、現代においては「ワザ」である。人を癒すその底力を最大限に生かしてもらうためにも、ほめよう。

［**おもしろい**］

さまざまなシーン、さまざまな意味合いで使える便利なほめ言葉。相手がギャグを言ったときに「おもしろい人ですね!」。個性的なアイデアを出してきた部下に「おもしろいアイデアだね」など。類義語としては、「ユニーク」「実に興味深い」など。

［**鑑**］

「そこまで子供のことを考えられるなんて、親の鑑ですね」「部下の成長のためにそんなに陰で努力されていたんですね。上司の鑑です」。まさにお手本のようだ、見習うところがたくさんある、立派だ、という意味合い。感服したときに使おう。

［**かっこいい**］

「かっこ」は「格好」が変化した言葉で、主に男性の見た目や態度をほめるときに使う。しかし最近は、男女問わずその生き方が憧れの対象であるときにも使われる。男性から女性に対して使っても違和感がない。

［かなわない］

勝負の際に「あなたにはかなわないな」と負けを認めたり、一枚上手の相手に「全くもう、かなわないよ〜」と言えば、相手は気分がよくなるもの。負けず嫌いにはなかなか言えないひとことだが、負けるが勝ち。ほめるが勝ち。思い切って言ってしまおう。

［可能性］

「あなたには無限の可能性がある」「あなたはこれからもっと伸びる可能性がある」「まだ可能性は残っている」。頑張ってほしい部下、伸び悩んでいる部下には、このひとことを。信頼している人から言われると、一歩を踏み出したくなるもの。

［かわいい］

説明するまでもないほめ言葉だが、場合によってはハラスメントとも受け取られかねない。TPOと相手との関係性を考えて使う必要がある。女性同士の会話で使う場合は、共感表現になるのでとても使い勝手がいい。

［感動］

プレゼン、スピーチ、パフォーマンスなど、何かを終えたときに「感動をありがとう」「感動して泣きました」などと言われたら、本人も心が震えるもの。相手の言動に心が動いたら、それを素直に伝えよう。頑張った相手に対する何よりの「ほめギフト」になる。

［気が利く］

部下が先回りして段取りよく準備してくれたとき、かゆいところに手が届くサービスを受けたとき、しゃれたしつらえや言葉遣いに出会ったときなどに使う。ほんの少しでも気が利いた行為を部下がしたときにはすかさずほめよう。きっと気が利く部下に成長する。

［**聴き上手**］

話を聴くことの大切さが浸透してきた昨今、「聴き方」を学ぶビジネスパーソンも多い。器が大きくないと、聴き上手にはなれない。だからこそ、「聴き上手ですね」と言われると、器が大きく懐が深い人間性をもほめてもらっているように感じ、嬉しい気持ちになる。

［**きれい**］

容姿、心、言葉遣い、文字、仕事の仕上がり具合のよさのほか、「とてもきれいにしているね」と整理整頓が得意なことに対しても使える万能言葉。特に大人の女性はこうほめられて嬉しくない人はいない。積極的に使いたい。

［**声がいい**］

癒す力がある声、落ち着きがある声、心地いい声、低音で渋い声。声は人の魅力のひとつ。持って生まれたもので、変えることができないものだけに、大きなほめポイントになる。「いい声してるね。心に響いたよ」などと伝えよう。

［**心遣い**］

相手が気持ちよく過ごせるよう心遣いをするのは、日本人の美徳。さりげない気配りや優しい言葉などをかけてもらったら、「心遣いありがとう」「お心遣い感謝します」と謝意を示そう。あなたの心遣いは素晴らしいという「ほめ」になる。

［**個性的**］

なんとも表現しがたいキャラクターや趣味

をもつ人に対してよく使われる。しかし、せっかく使うなら否定的な意味ではなく肯定的な意味合いで使おう。「あなたのような人はめったにいない。本当に個性的です」と稀有で貴重な存在であることを認めるときに使いたい。

［言葉にできない］

これをタイトルにした曲もあるが、嬉しくて仕方がない、あまりにも感動したときなど、言葉では言い尽くせない気持ちを表現するのにふさわしい。「あなたがここまで頑張ってくれたなんて、言葉にできないくらい嬉しい」とほめれば、さらなる喜びが生まれる。

［ご立派です］

「素晴らしく、美しく、堂々としている」ものへの感激を伝えるひとこと。「とてもご立派な方ですね」と人に対して使うほか、「ご立派なおうちですね」「ご立派な経歴です」と人以外のことにも使える。部下が何かを堂々とやり遂げたときに「立派だったよ」と伝えても。

［こんなの初めて］

デートなどで女性が男性に向けて使うと化学反応が起きそうなほめ言葉だが、上司が部下に言っても◎。「こんなに細部までこだわった企画書を作ってきたのはキミが初めてだよ」。そうほめられれば、部下のモチベーションも一気に上がる。

［さすが］

王道のほめ言葉。「この違いがわかるとは、さすがだなあ！」「一発合格したの？　さすがだね」など、さまざまな場面で使える。あいづちとしても万能。万能だが、だからこそ多用は危険。使いすぎると効果が薄れ、ただのヨイショに聞こえてしまう。

［さわやか］

清潔感のある人に対してよく使われるほめ言葉。一般的にはその見た目や言動を評して使うが、インパクトを与えたいなら「ペパーミントみたいにさわやかだね」「高原の風のようなさわやかさだ」などのひねりを。ただし、比喩にこだわりすぎると伝わらないので要注意。第一印象として伝えるのもいい。

［姿勢がいい］

背筋がピンと伸びて美しい体勢を取っていること。あるいは、ものごとへの取り組み方がいい、というときにも使う。いずれにせよ、姿勢の良さはほめるべきこと。本人にとって

それはあたりまえで、ことさら意識していない場合もあるので、言葉で伝えると効果的。

［しっかりしている］

考え方が堅実で、計画的にものごとを進める人をほめる際に使う。安定感があり、コツコツと仕事を進めて結果を出す部下にふさわしい言葉。しかし、「しっかり」をケチ、しまり屋、ちゃっかりというネガティブなイメージで捉える人もいるので使う相手を選ぶこと。

［上手］

人には何かしら、うまく、上手にできることがある。何もできないという人はけっしていない。部下が上手にできることを見つけてほめるのは、課長の大切な仕事。「字がとても上手だね」「電話の受け答えが上手だね」。

「上手」は万能。どんなことでも大丈夫。

［所作が美しい］

日本人として生まれた以上、美しい所作を身につけたいもの。だからこそ、それが美しい人には賛辞を贈りたい。「あなたの所作はとても美しいですね」のほか、「身のこなしが実に美しい」などと伝えても。言われた側は、日本人としての誇りをも感じるはず。

［信じている］

「信じること」は最大の賛辞である。人は、信じてくれる人がいると頑張れる生き物だからだ。ここぞというときに伝えよう。「あなたならできるって信じているよ」「キミは自分らしい選択ができる人だと信じている」。部下を信じる気持ちが部下を育てる。

［慎重］

石橋を叩いて渡るような人は、自分では「思い切りが悪い」と思っていたりするが、慎重にことを進めるのは容易なようでいて難しい。慎重であることは長所である。部下がそのようなタイプなら、この言葉でほめよう。「熟慮」「手堅い」も同様に使える。

［筋がいい］

ちょっとやらせてみたらうまくできる。このまま練習を重ねたり続けていけばきっと伸びる。部下にそんな部分を感じたら「筋がいいね」とほめよう。そう言われると俄然、頑張るのが人間。メキメキと腕を上げるに違いない。

［素敵］

使い古された感もあるが、響きがよくさま

ざまなシチュエーションで使える万能言葉。
「素敵な眼鏡ですね」「仲のいいご家族ですね。素敵です」「笑顔が素敵」「そのアイデア、素敵！」など、どんな相手もさらりとほめることができる。お客さまに対して使うと喜んでもらえるはず。どんどん使おう。

［素晴らしい］

功績、人柄、センス、価値観など、どんなことにも使える万能選手。それだけに、薄っぺらくならないよう、なぜそう感じるかを付け加えたい。たとえば、「あなたのお仕事は、たくさんの人に影響を与えていますよ。素晴らしいです」。

［鋭い］

切れのいい意見、ひときわ精彩を放つアイデアなどを形容する。使用例：「さっきのツッコミは鋭かったね」「このレポートの指摘は鋭いよ」。「シャープだね」「冴えてるね」「ピリリとしてる」などと表現しても。

［責任感が強い］

あたりまえのことをちゃんとやっている人は意外と少ない。責任感が強いのも、社会人としてあたりまえのこと。でも、それを貫くのは簡単ではない。責任感をもって仕事をしている部下がいるならほめよう。ただし、言いすぎてプレッシャーをかけないよう配慮は必要。

［積極性がある］

積極性を求められる職場においては、この力をもつ人はとても頼もしい。より力を発揮してもらうためにも、ほんのちょっとでも積極性が垣間見えたら、まさに「ほめどき」。

例：「あなたはとても積極性があるから、もっとレベルの高い仕事をお願いしたいと思っているよ」

［センスがいい］

持ち物、好きなものなど、その人のこだわりをほめるときに使いたいほめ言葉。容姿をほめるとハラスメントになりそうな場合、この言葉は非常に使える。特に、美的センスに自信をもっている人には効果的。バリエーションとして「抜群の感性」「趣味がいい」「おしゃれ」「イケてる」など。

［尊敬しています］

目上の人、偉業を成し遂げた人への賛辞。より丁寧に伝えるなら「ご尊敬申し上げております」とすると気持ちが届きやすい。部下に対しても使えるが、その場合、どこをどう尊敬しているかを具体的に。適当に言っているように受け取られると残念すぎる。

［大変だったでしょう］

苦しいときを乗り越えた経験は、自信につながる。それを他人に認めてもらえれば、もっと自信が高まる。誰かが過去の苦労を語ったら、内容にかかわらず「それは大変でしたね」「さぞかし大変だったでしょう」と、その労をねぎらい、認めよう。部下が仕事をやり遂げたときにも。

［多才］

仕事ができてスポーツが得意で、料理も楽器もこなすなど、マルチな才能を発揮する人にはこの言葉を贈ろう。しれっと言うと嫌味に聞こえるので、「語学もスポーツもお得意で多才ですね。うらやましい限りです」と笑顔で伝えよう。

［助かりました］

他人の言動のおかげで難を逃れたときには、「ありがとう」にプラスしてぜひこの言葉を。「今日が締め切りだって知らせてくれて助かりました」。人には人の役に立ちたいという欲求がある。「助かりました」は、その欲求を満たしてくれる。

［タダモノじゃない］

特別な能力をもっている、可能性を秘めていると感じた相手に対して繰り出す言葉。言われたほうも特別なほめ言葉として受け取るので、それ相応の相手に対してだけ使うこと。「キミはタダモノじゃない！」「あいつはタダモノじゃないな」など、化けてもらいたい相手に期待を込めて言うのも、時にはＯＫ。

［脱帽］

「かなわない」「まいった」に類するほめ言葉だが、これらの中では最上級。「あなたのその選択眼には脱帽だよ」などと表現すれば、完敗・敬服といった気持ちも伝わる。ちょっとしゃれた使い方をしたい。ギャグ混じりに使う場合は、「シャッポを脱ぐ」でも。

［楽しそう］

いつも楽しそうにしている人は、その場を楽しい雰囲気にしてくれる。ほめるべきことである。「あなたはいつも楽しそうだね」「あなたといると、こちらまで楽しくなるよ」。ほめられた人はますます楽しくなり、楽しさが循環する。チームメンバーに言えば、職場活性化につながる、かも。

［ダンディ］

今やこの言葉に似つかわしい人は少なくなった感もあるが、だからこそこのひとことはズバッと決まる。上質で品のあるファッション、洗練された身のこなし、さりげない気遣い。そうしたものを感じ取ったら、すかさず、羨望のまなざしを向けながら言い放とう。

［チャーミング］

「魅力的」と意味は似ているが、「魅惑的」なさまを表すので、女性に対して使われることが多い。「チャーミングな人ね」と全体を指してもよし、「チャーミングな笑顔だね」などポイントを指しても。職場では使いにくいが、女性同士なら使いやすい。

［丁寧］

作業、受け答え、動作、気配りなど、どんなことであっても丁寧に行うということは、そこに真心を込めているとも言える。たとえ時間がかかったとしても、その真心を評して、「とても丁寧に書類を作ってくれましたね」などと伝えよう。

［鳥肌］

他者の行為に感動したときに使う。単に「感動した」と言うよりも、「あなたの歌、心に響くね。鳥肌が立っちゃった」と言うことで、臨場感が増し、極上のほめ言葉になる。ただし、インパクトがある言葉だけに、本当にすごいと思ったときだけ使うべし。

［努力の賜物］

「この案件が成功したのは、キミの努力の賜物だよ。本当によく頑張った」。部下の努力は素直に認めよう。くれぐれも上司である自分の手柄にすることなきよう。類語は「汗と涙の結晶」「苦労の甲斐があった」「一心不乱に頑張った成果」など。

［なかなかいない］

めったにいない人、簡単には見つからない特別な人という意味の言葉。「こんな複雑な作業ができる人はなかなかいないよ」は、行為が突出して優れていること、「このチョイスをする人はなかなかいない」は個性的であることをほめている。才能や稀有さを盛ってほめる言葉である。

［○○○な人］

ほめの効果を上げたいときに使う。「こんなに鋭い人だと思わなかったよ」と言えば、単に「鋭いね」と表現するより「鋭さ」が際立つ。「え、もうできたの？　マジシャンのような人だね」と言えば、頼んだ仕事を華麗にやってのけたことを小粋にほめることができる。使い方を工夫するべし。

［似合っている］

「その服、似合ってるよ」「その髪型、とても似合うね」と容姿に対して使うほか、「その言葉、あなたに似合う」など、価値観や生き方がその人らしいときに使う。後者は、「あなたらしい」「ふさわしい」「似つかわしい」などと同義語。

［抜かりない］

「今回も完璧ですね。本当にいつもあなたは抜かりないなぁ」。うっかりミスやヌケなどとは無縁な人、先の先、裏の裏まで読んで計画を立てて実行する人に対するほめ言葉。完璧主義の人はこれを言われると嬉しいが、それがプレッシャーにならないよう言いすぎはNG。

［博識ですね］

誰かが深い知識を披露した際に、「博識ですね」とすかさずほめる。これは、たとえムダと思えるような知識であっても、それを得るために費やした時間と労力を称えることになる。上司や取引先の人などに積極的に使いたい。類語に「知識のデパート」「知恵の泉」「よっ、生き字引！」など。

［励みになる］

誰かの頑張りを見ることで人は勇気をもらい、行動への意欲が湧くもの。そんな勇気をもらったときに、このほめ言葉を使おう。

「スキルアップのための勉強をいつも頑張ってるよね。ぼくも励みになるよ」は、その頑張りは素晴らしい、手本になる、リスペクトしている、という意味合いに。

［初めてなのに］

器用な人や特定の分野に能力のある人は、初めてのチャレンジでもするりとやってのけてみせることがある。そんなときにはこの言葉を使おう。使用例：「プレゼンするのは初めてだって言ってたのに、どうしてそんなに上手に話せるの？」。もちろん、まあまあな出来であっても使える。

［発想が豊か］

アイデアが豊富な人、他人が思いつかないことをパッと口にできる人、枠にとらわれずにものごとを考えられる人はとても貴重。

「そんな方法があるとは思いもつかなかったよ。あなたは本当に発想が豊かだね」。そんなふうに、その才能を称えよう。

［**はつらつ**］

元気いっぱいの人を「元気だね」とほめるのは定番だが、たまには「はつらつとしてるね！」と言ってみよう。「元気はつらつ」は栄養ドリンクのキャッチコピーでもあり、言葉の響き自体が軽やかで、さわやかで若々しいイメージを喚起する。

［**張り切っている**］

「準備万端だね。張り切ってるね！」。張り切る＝やる気があるということ。部下がイキイキした表情でやる気を見せたら、すかさずそれを言葉にしてほめたい。類語は、「やる気がみなぎっている」「気合いが入っている」。

［**パワフル**］

パワーみなぎり、次々に行動を起こすことや、力強い様子を称える言葉。「パワフルな人だ」「パワーがありますよね」と言われたほうも、よけいに力がみなぎってくる効果がある。類語に、「タフですね」「ガッツがあるね」など。

［**パンチが効いている**］

刺激的なこと、アクの強いことなどを指して「この企画はパンチが効いているね」などと表現する。たとえ採用しないにしても、部下が斬新なアイデアや刺激的な意見を出してきたときには、こんな言葉でほめよう。出した甲斐があったと感じるはず。

［**人柄がにじみ出ている**］

「とても穏やかで人を包み込むような優しい

お顔ですね。お人柄がにじみ出ていますよね」。顔、文字、文章、話し方、仕事ぶり、たたずまい、言動の端々に、人柄はにじみ出てしまうもの。どこかに光るものを感じたら、それは大いなるほめポイント。

［**懐に入るのがうまい**］

人懐っこくて、するんと相手の心の中に入り込んでしまうのも、持って生まれた才能のひとつ。トレーニングしてもそうそう上達しないことだからこそ、その力は「ほめ」に値する。「人たらし」という類語も、シャレが効いている。

［**ブラボー**］

「見事」と意味合いは似ているが、軽めのノリの言葉なのでよりくだけたシーンで使いたい。職場の中でというよりも、懇親会や打ち上げなど飲み会の席で「あのときの応対は完璧だったね。ブラボーだったよ」と栄誉を称えよう。プライベートでも使える。多用はできないかもしれないが、たまに使えば効果的。

［**勉強になる**］

何か教えてもらったときや、知らなかったことを耳にしたときに使う。知識をひけらかされたときにも使え、わりと万能。主に目上の人に対して使われるが、部下がサラリと知識を披露したとき、「いや〜、勉強になるなぁ」と人前で言えば、部下の株が上がる。

［**ポジティブ**］

よく使われるほめ言葉だが、使い方には注意が必要。元気な人に対して「あなたはポジティブな人だ」と言うのは問題ないが、疲弊していて前向きになれない状態のときに言うのはプレッシャーになる。元気な人に頑張ってほしいときに使いたい。

［まいった］

将棋で負けを認める際に「まいりました」と言うが、それに習い、相手の行動に感服したときに「そんな方法があったか。まいった！」「こりゃ、まいった」などと使用する。「かなわない」よりも相手を持ち上げるニュアンスがやや強い。

［まじめ］

なんだかんだいって、まじめにコツコツ努力する人が強かったりする。日本人の多くがまじめだが、それは評価に値すること。性格を「まじめ」だとほめるのもいいが、結果が出た際に、「今までまじめに頑張ってきたことが実を結んだんだよ」と「過去形ほめ」（108ページ参照）すると効果的。

［まぶしい］

イキイキと働いている人に対して、「輝いてるね。まぶしいくらいだよ」などと、そのあふれんばかりのエネルギーを称えるのがこの言葉。「笑顔がまぶしいね」とフレッシュさを表現してもいい。まぶしすぎる場合は、「まばゆいなぁ」と言うとしっくりくる。

［見えない］

「とても50歳には見えない」「お孫さんがいるようには見えないです」と、見た目と現実のギャップに驚いたときに使用する。社交辞令と取られないよう、驚いた表情は忘れずに。失礼にならないよう、あくまで肯定的な驚きのみに使うこと。

［右に出る者がない］

その分野ではトップクラスだ、非常に優れている、と評する言葉だけに、言われた側のプライドをくすぐる。部下の秀でた部分をほめるときに使いたい。「並ぶ者はいない」「抜きん出ている」もＯＫ。

［見事］

難しい案件をサクサクまとめたり、流暢にプレゼンしたり、感激するようなことをサラッとやってのけたりする人に贈るほめ言葉。「見事だったよ」「お見事！」と拍手を送れば、本人のモチベーションと自信がアップする。

［見ている］

あなたが頑張っている姿、ちゃんと見ています、と伝えることは、相手にとってはまさにサプライズ。「誰よりも丁寧に仕事しているよね。いつも見てるよ」「美しい所作、ほれぼれしながら拝見しています」。こんなほめ言葉は、その人の存在価値をも認めることに。

［魅力的］

人を魅了する力をもった人を評する言葉のひとつだが、言われてとても嬉しい言葉のひとつでもある。ストレートに言うほどその効果が表れる。ただし、「くるくる表情が変わるところが」など、何が魅力的なのか具体的に言わないと効果は半減する。

［目が高い］

ものの価値や本質を見極める力があることを称えるときに使うが、一般的にほめる際には「さすが、お目が高いですね」とする。お客さまをほめる際に非常に使えるひとこと。

類語、同義語に「見る目がある」「違いがわかる」「あなたが選ぶなら間違いない」など。

［**優しい**］

優しくしてもらったときや、日頃の行動を見て「あなたは優しい人だから」と使う王道のほめ言葉。「ピグマリオンほめ」（112ページ参照）にも最適。優しくなってほしい人に「あなたは優しいね」と言い続けると、そのうち……。

［**柔らかい**］

「物腰が柔らかいですね」「人当たりが柔らかい方ですね」「あなたは頭が柔らかいな。発想がとてもユニークですよ」。「柔よく剛を制す」と言われる通り、「柔らかい」ことは強さにつながる。相手のそんな部分は、ほめポイント。

［**勇気がある**］

嫌われるのにも幸せになるのにも勇気が必要なように、勇気をもつことは意外と難しい。だからこそ、思い切ってチャレンジする人は、大いにほめたい。類語としては「度胸がある」「肝が据わっている」「勇敢だ」など。部下だけでなく子供にも使える。

［**よく頑張った**］

結果がよかろうと悪かろうと、頑張ったすべての人に贈りたい言葉。街角でこの言葉を何度も何度も部下と思しき若者にかけているサラリーマンを見かけたが、実にすがすがしい光景だった。「よくやった」「グッジョブ！」もいい。目上の人には、「お疲れさまでした」とねぎらいを。

［よく気がついた］

「こんなに細かなところによく気がついたね」と、見落としがちなことに気がついて、上手にフォローや問題解決した人をほめるときに使いたいひとこと。気がついたらすかさずほめること。「よくわかったね」もＯＫ。感心した表情をしながら言えば効果倍増。

［余裕］

ゆとりのない現代社会。だからこそ、ゆとりをもって日々暮らしている人は多くの人のお手本になる。「余裕がありますね」は、人生の荒波を乗り超えて、余分なものを排除し自分らしく生きている人に似つかわしいほめ言葉。軽々しく使わないほうが粋。仕事が早い部下には「手慣れてるねえ。余裕が感じられるもの」などと使える。

［リーダーシップ］

チームや仲間をぐいぐい引っ張る力がある人は頼もしい。もしも部下にそのタイプがいるなら、「キミはリーダーシップに長けているね」とほめよう。ますますリーダーの素質が上がり、右腕となって活躍してくれるかもしれない。

［凛としている］

「あなたは凛とした人だ」と、主に女性に向けて使う。たおやかだけれどきりっとしていて、強く、自立している、ジブリアニメのヒロインのような女性を指すことが多い。いつも堂々とした態度でいる人、ストイックな生き方をしている人、逆境に負けずに生きている人に贈りたい。

［論理的］

ビジネスにおいては、論理的に考え、話せることが必須。どんなときも冷静にロジカルにものごとに向き合えることは、非常に重要。それができる人には「いつも論理的だね」とか、「論理的に説明できる力があるね」と伝えるべし。

［わかりやすい］

「今の話はとてもわかりやすかったよ」「この図解はわかりやすいね」。ものごとをわかりやすく表現するのは、実はとても難しい。それができた人は、熟慮と工夫を何度も重ねてきたはず。「ここまで仕上げるには、相当苦労したでしょう」などと付け加えたい。

おわりに

最後までお読みいただき、ありがとうございました。「ほめる」ことの大切さをテーマにした本は、すでにたくさん出ています。それでもあえてこのテーマを選んだのは、メンタルヘルス研修や働く人のカウンセリングを行う中で「日本の職場にはまだまだほめが足りない。これはまずい」と痛感したからです。

「むやみにほめるのはよくない」と考える人、「ほめるのはいいとわかっちゃいるけど、恥ずかしくてできない」という人、「ほめ方がわからない」という人……。パターンはいくつかありますが、「ほめることができない人」は本当に多いのです。

メンタルヘルス研修を実施すると、さまざまなテーマやポイントをお伝えしているにもかかわらず、アンケートに、「ほめることが大事だと再認識した」「ほめられてとても嬉しかった」といった感想を書いてくださる方も多く、「ほめ」がいかに人の心に響くかということを、身をもって体感しています。

今、「健康経営」という言葉が注目を集めています。従業員の健康を守る取り組みを積極的に行う経営を意味します。そうすることで結果的に生産性向上、経済的・人的損失防止につながるのです。意識の高い企業では、メンタルヘルス対策はもちろんのこと、社員食堂のメニューを見直したり、運動や禁煙を勧めたりと、さまざまな取り組みを始めています。同時に、健康意識の高い人も増えています。とても素晴らしいことですね。

しかし、どんなに健康的な生活をしても、日常的なコミュニケーションでストレスを溜め込んでいたら、元も子もありません。人とのコミュニケーションにおいて言葉は便利なツールですが、その一方、言葉はストレスと直結します。言葉ひとつで人を傷つけることもできれば、心を和ませ、成長につなげることもできるのです。「健康経営」を目指すなら、人生の3分の1以上を過ごす職場で飛び交う言葉にこそ気を配るべきです。職場で「元気になる」「勇気が出る」「自信がつく」言葉のシャワーを浴び続ければ、誰もが心が元気になり、からだもそれに伴って元気になります。少子高齢化で、労働人口が減少していく今後、個人一人ひとりの力がますます重要になります。従業員みんなが健康を損ねずに幸せに働けるよう、言葉遣いを見直してみてほしいと思います。

そして、職場のメンタルヘルス管理を担う課長クラスのみなさんの言葉は、部下への影響力が大きいのだということを、この機会に再認識していただけたら幸いです。部下の様子に気を配り、ほめたりねぎらったりするのは、労力がいることです。

「なぜそこまでしなくてはいけないのか」と思うこともあるかもしれません。でも、ほめ言葉を言い続けていると、「ほめ」は思いのほか気持ちがいいものだと気づかされると思います。部下の成長につれて、あなた自身も成長していくはずです。

巻末でご紹介した「ほめワード」を参考に、ちょっとずつボキャブラリーを増やして、「ほめ上手」と言われる課長になってください。第4章の「ほめワーク」は、カウンセリングや研修の場で私自身、活用していますが、思った以上に効果が早く出ることに驚いています。だまされたと思って試してみてください。

私自身は、長年、自分をほめる「ほめ日記」をつけています。寝る前に一日を振り返って自分をほめると、心身の疲れもとれ、気持ちよく眠りにつけます。そして目覚めもいいのです。自分をほめ続けたことで、自己肯定感がずいぶん高まったとも感じています。ほめ言葉がいかに力になるかを実感しています。

ぜひ楽しみながら、いろいろな人をほめてみてくださいね。みなさんの仕事とプライベートがよりハッピーになるよう、応援しています。

私がこのように日頃の活動を本にまとめることができたのも、いつも支えてくださる方々がいらっしゃるおかげです。ＥＡＰ関連会社のみなさま、お世話になっているお客さま、ありがとうございます。

推薦文を書いてくださった下園壮太先生は、元自衛隊のメンタル教官であり、私が所属している「メンタルレスキュー協会」などで講師を務め、熱心に後進の指導にあたっていらっしゃいます。私も下園先生の指導を受けていますが、とにかくほめ上手な先生です。先生にいいところをほめていただいたおかげで、カウンセラーとして自信がもてるようになりました。

本書でご紹介した、うつ関連の事柄の中には、メンタルレスキュー協会で下園先生に教えていただいたものも多数含まれています。先生は、とてもわかりやすく実践的な講義をされます。どなたでも受講できるメンタルトレーニング講座も開催されていますので、ご興味のある方はぜひ。

下園壮太氏公式ＨＰ　http://www.yayoinokokoro.net

最後に。本書を刊行するにあたり、編集者の近藤美由紀さんには企画段階から多大なるお力添えをいただきました。近藤さんがいなければ、この本は生まれませんでした。そして、左右社の小柳学代表、樋口博人さん、脇山妙子さんたちは、いち早く「ほめ相撲」を社内で実践するなど、「ほめ」を楽しみながら本書の制作を進めてくださいました。ユーモアがある方々と一緒に本を作れたことを、とても嬉しく思っています。みなさん、ほめ上手で、ワクワクしながら執筆することができました。ありがとうございました。

私は、企業のメンタルヘルスサポートのほか、公開セミナーやカウンセリングも行っています。話の聴き方、ほめ方をトレーニングする講座などもありますので、ぜひ遊びにいらしてください。魅力的なあなたと出会えることを楽しみにしています。

株式会社ハピネスワーキング公式ＨＰ　http://happiness-working.com

心理カウンセラー　船見敏子

船見敏子　ふなみ・としこ

心理カウンセラー、メンタルヘルスコンサルタント。株式会社ハピネスワーキング代表取締役。青山学院大学文学部英米文学科卒業後、出版社に勤務。雑誌編集者、フリーライターを経て、2005年より現職。経営者、俳優、作家、ミュージシャン、デザイナー、医師など1,000人超の著名人を取材。インタビュースキル向上を目的にカウンセリングを学んだことがきっかけで、カウンセラーに転身。以後、野村證券、公立学校共済組合福島支部ほか、全国の企業、労働組合、商工会議所、地方公共団体、小中高校などでメンタルヘルス支援、研修、講演などを行い、これまでにおよそ85,000人のメンタルサポートに関わる。2013年、女性誌 anan の特集「本当に信頼できるカウンセラー20人」に登場。産業カウンセラー、2級キャリア・コンサルティング技能士、メンタルレスキュー協会 CPS などの資格を保持。

職場がイキイキと動き出す
課長の「ほめ方」の教科書

二〇一六年七月三〇日　第一刷発行

著者　船見敏子
発行者　小柳学
発行所　株式会社 左右社
東京都渋谷区渋谷二―七―六―五〇二
Tel. 〇三―三四八六―六五八三
Fax. 〇三―三四八六―六五八四
http://www.sayusha.com

装幀　松田行正＋杉本聖士
編集協力　近藤美由紀
印刷・製本　信毎書籍印刷株式会社

ISBN978-4-86528-150-7